차근차근
수제맥주

박운석 지음

서고

차근차근 수제맥주

2022년 5월 16일 초반 발행
2022년 5월 16일 초판 1쇄

지은이	박운석
	delipub@naver.com
발행인	서명수
발행처	서고
주 소	(36744)경상북도 안동시 공단로 48
전 화	054-856-2177
Fax	054-856-2178
E-mail	diderot@naver.com

ISBN   979-11-960696-9-8

*이 책은 저작권법에 따라 보호를 받는 저작물이므로 무단전재와 복제를 금합니다.
*이 책의 내용 전부 또는 일부를 사용하려면 반드시 저작권자의 동의를 받아야 합니다.
*잘못된 책이나 파손된 책은 구입하신 서점에서 교환해 드립니다.

★ 차근차근 수제맥주 ★

차근차근
수제맥주

박운석 지음

서고

차례

책머리에　　　　　　　　　　　　　　　　　　007

PART I　차근차근 맥주 알아가기

01　맥주의 역사　　　　　　　　　　　　　014
02　한국 맥주의 역사　　　　　　　　　　019
03　수제맥주란?　　　　　　　　　　　　024
04　맥주의 분류　　　　　　　　　　　　028
05　수제맥주, 아직 사서 마시나요?　　　037

PART II　차근차근 배우는 맥주 이론

01　술의 종류　　　　　　　　　　　　　042
02　알코올발효　　　　　　　　　　　　048
03　당(糖)　　　　　　　　　　　　　　055
04　맥주의 재료와 역할　　　　　　　　　059
05　맥주의 부재료 및 활용방법　　　　　082
06　맥주 첨가제　　　　　　　　　　　　091
07　자가양조 용어 및 약어　　　　　　　094

PART III 차근차근 맥주 만들기

- 01 자가양조 필요 장비 — 104
- 02 완전곡물로 맥주 만들기 — 118
- 03 완전곡물 외 다양한 자가양조 방법 — 149
- 04 몰트추출물이란? — 153
- 05 부분곡물 방식으로 맥주 만들기 — 156
- 06 몰트추출물+홉을 활용한 맥주 만들기 — 163
- 07 몰트추출물 만을 활용한 맥주 만들기(Hopped Extract) — 165
- 08 자가양조 실패 원인과 해결책 — 168
- 09 자가양조에서 맥주 맛을 결정짓는 요인들 — 180
- 10 자주 하는 질문과 답변 — 185

PART IV 차근차근 만드는 나만의 맥주 레시피

- 01 맥주 레시피를 만들려면 — 195
- 02 맥주 레시피 설계 원칙 — 204
- 03 클론 레시피 응용 사례 — 210

PART V 차근차근 맥주 맛보기

- 01 라벨을 보면 맥주가 보인다 — 228
- 02 맥주를 맛있게 마시려면 — 233
- 03 맥주 시음 — 256
- 04 비어-푸드 페어링(Beer-Food Pairing) — 267
- 05 맥주 관련 자격증 — 276
- 06 맥주로 만드는 칵테일 — 280

부록

- 01 수제맥주전문점 창업 언제가 좋을까 — 288
- 02 수제맥주전문점 창업 체크포인트 — 293
- 03 수제맥주 아는 체 하기 — 298
- 04 맥주 명언 — 304

참고문헌 — 308
참고사이트 — 308

책머리에

　세상에서 가장 맛있는 맥주는? 누군가가 사주는 맥주다. 하긴 남이 사주는 것이라면 맥주뿐이겠는가. 뭐든 맛있지 않을까.

　남이 사주는 맥주보다 더 맛있는 맥주도 있다. 영화 쇼생크 탈출(The Shawshank Redemption)에서 죄수들이 감옥에서 마시는 맥주 말이다. 하긴 감옥에서 맥주를 마셔본 적이 없으니 굳이 비교를 하자면 군대 내무반에서 한밤중에 끓여먹는 라면 맛보다 나으려나?

　영화의 주인공인 앤디 듀프레인(팀 로빈슨)은 누명을 쓰고 쇼생크 교도소에 갇힌다. 은행원이었던 앤디는 악질 간수의 상속 관련 세금 문제를 해결해주고 그 대가로 수감자들마다 맥주 3병씩을 받아낸다. 수감자들은 건물 옥상에 앉아 웃으며 즐겁게 맥주를 마신다. 동료 수감자들이 맥주를 마시는 모습을 지켜보며 앤디는 알 듯 모를 듯 얼굴 가득 묘한 미소를 짓는다.

영화에서 관찰자로 나오는 동료 수감자인 레드(모건 프리먼)는 이 상황을 묘사하는 이런 말을 남겼다.

"마치 우리는 자유인처럼 햇빛을 받으며 맥주를 마셨다."("We sat drank with the sun on our shoulders, and felt like free men.")

그렇다. 레드의 말은 맥주는 곧 자유인들의 전유물이라는 명언이었다.

그런데, 감옥에서 마시는 맥주보다 더 맛있는 맥주가 있다. 바로 내가 직접 만들어 마시는 맥주다. 조금씩 맥주를 알아가면서, 내 품을 팔아가면서, 정성을 가득 담아 만드는데 이보다 더 맛있는 맥주가 어디 있을까.

평소 맥주를 즐긴다면 집에서 내손으로 직접 양조를 해서 마셔볼 만한 가치는 충분하다. 그래도 누군가는 이렇게 말한다. 맥주를 그냥 마시면 되지 꼭 알고 마셔야 하나? 그렇다. 맥주는 알고 마셔야 맛있다. 자가양조를 한다는 건 맥주를 알아가는 과정이기도 하다.

이 책은 조금씩 맥주를 알아가는 과정에 초점을 맞췄다. 지루한 이론서가 아니다. 그렇다고 외국 서적을 번역한 것도 아니다. 이곳저곳의 내용을 가져다 짜깁기한 서적도 아니다. 오로지, 8년간 수제맥주 아카데미를 운영하며 얻은 노하우를 모아 집필했다.

특히 초보자들의 경우 의욕은 앞서지만 시간적으로, 경제적으로 맞지 않은 여건으로 인해 자가양조 방법을 체계적으로 배울 수 있는 기회조차 많지 않은 게 사실이다. 이 점을 알기에 가능하면 구체적으로 양조방법을 다루려고 노력했다.

어떻게 보면 맥주를 만드는 일은 쉬운 일이기도 하다. 하지만 알아 가면 알아갈수록 맥주 만드는 일은 어려운 일이라는 것을 깨닫는다. 손으로 셀 수 없을 만큼 수많은 시행착오를 겪기 때문이다. 그런 시행착오를 겪을 때마다 맥주 맛은 조금씩 완성되어 간다.

집에서 맥주를 만들면서 이런 실수를 건너뛸 수 있다면 많은 시간을 절약할 수 있다. 이 책은 여기에 초점을 맞췄다. 수년간 수제맥주학교를 운영하면서 겪은 생생한 경험담이 오롯이 담겨있어서다. 이 책을 따라 차근차근 맥주를 만들다 보면 어느 날 문득 내가 원하는 맥주를 즐겁게 만들고 있는 자신을 발견할 수 있을 것이다.

이 책은 수제맥주에 처음 입문하는 사람들이 겪는 당황스러움을 해소시켜 줄 것으로 기대된다. 수제맥주를 내가 직접 만들어 마셔보고 싶은데 뭐부터 해야 할지 현실은 막막하기만 하다. 이런 사람들을 위해 맥주에 대한 기본적인 이해에서부터 맥주가 어떻게 만들어지는지, 맥주양조에 필요한 장비와 재료, 구체적인 양조방법 등을 사진을 곁들여 설명해준다.

또 곳곳의 수제맥주아카데미에서 자가양조자들을 대상으로 맥주강의를 하면서 이들이 가장 궁금해하는 내용을 Q&A 형식으로 엮어 어떠한 돌발상황에서도 대처할 수 있도록 도와준다.

이 책은 취미로 시작한 맥주 만들기를 어떻게 부업 혹은 창업으로 발전시켜 나갈지에 대해서도 구체적으로 알려준다. 실제로 10여 년간 두 개의 수제맥주전문점을 운영해본 경험과 수많은 펍 창업 관련 컨설팅 노하우를 바탕으로 성공창업에 한발 다가설 수 있는 길잡이 역할도 충분히 해줄 것으로 기대한다.

수제맥주 자가양조에 관심 있는 사람이라면 이 책을 통해 초보에서부터 나만의 맥주 레시피를 만드는 과정까지 상세하게 안내받을 수 있도록 구성했다. 또 비싸거나 특별한 장비가 없이도 일상적으로 가정에서 사용하는 주방도구들을 이용해서 맥주를 양조할 수 있는 방법을 구체적으로 알려준다. 아주 간단한 방법인 몰트추출물을 활용한 맥주 만들기에서부터 소규모양조장에서 맥주를 양조하는 방법 그대로 규모만 줄여서 하는 완전곡물로 맥주 만들기까지 다뤘다.

물론 상업양조를 목표로 한다면 좀 더 전문적인 책을 봐야 하고 또 현장에서 실무도 쌓아야 할 일이다. 그렇지만 취미 수준의 홈브루어를 꿈꾼다면 이 책은 큰 도움이 될 것이라 확신한다.

사실 맥주 자가양조에 입문하기 위해 인터넷도 뒤져보고 수많은 영상도 찾지만 보고나면 오히려 복잡하기만 하다. 저마다의 방법으로 양조방법을 알려주지만 초보자들이 알 수 있을 만큼 체계적이지 않아 혼란만 더해준다. 실제 제대로 검증되지도 않았고 시행착오를 극복하지 않은 방법으로 양조를 하면서 자신만의 노하우인양 자료를 올리는 경우도 많기 때문이다. 그렇다고 '수제맥주 정규아카데미'에 등록하자니 내가 원하는 시간을 맞추기도 어렵거니와 비용 또한 만만찮아 부담스럽다.

　이런 고민들을 해결해주는 책이 바로 '차근차근 수제맥주'이다. 당신의 첫 맥주양조를 성공할 수 있도록 차근차근 이끌어줄 뿐 아니라 결국에는 나만의 맥주를 만들 수 있는 길을 제대로 알려줄 것으로 확신한다.

2022년 5월

한국발효술교육연구원
원장 박운석

PART 1

차근차근
맥주 알아가기

01　맥주의 역사
02　한국 맥주의 역사
03　수제맥주란?
04　맥주의 분류
05　수제맥주, 아직 사서 마시나요?

01
맥주의 역사

목이 마를 때 벌컥벌컥 한 두 모금이면 온 세상을 얻은 기분이 된다. 다른 술에 비해 비교적 낮은 알코올 도수와 다양한 맛과 향으로 우리를 유혹하는 맥주는 언제부터 만들어 마셨을까? 수천 년 전 고대인들은 어떻게 술을 빚었으며 당시에는 어떤 재료를 사용했을까?

인류는 맥주 이전에 꿀로 만든 미드(mead)나 과실주를 마셨을 것으로 추정한다. 꿀과 과일이 함유하고 있는 당분에 공기 중에 떠도는 효모가 앉으면서 자연스럽게 발효되어 술이 만들어진 것이다.

맥주는 인류가 본격적으로 농사를 지으며 한 곳에 정착하면서

▲ 맥주는 기원전 4200년 쯤 인류가 농사를 짓고 정착하면서부터 시작됐다.

부터 시작되었다. 기원전 4200년 즈음이다. 티그리스 강과 유프라테스 강 사이에 위치한 메소포타미아 지역의 수메르인들이 곡물로 만든 빵을 갈아 맥아와 물을 넣고 발효시켜 맥주를 만들었다는 게 정설이다. 이 같은 사실은 수메르 우루크 왕조의 제5대 왕인 길가메쉬 왕의 서사시의 한 구절에 기록으로 남아 있다.

 당시엔 여과를 하지 않은 상태에서 침전물을 가라앉힌 다음 위쪽의 맑은 술만 갈대로 만든 빨대로 빨아 마셨다는 연구결과가 최근에 나왔다. 러시아 북부 코카서스의 선사시대 유적지에서 100여년 전에 발견된 유물이 맥주를 담는 큰 용기와 빨대라는 연구결과를 고대(Antiquity)저널을 통해 2022년 발표했다.

기원전 3000년경부터는 이집트 지역에서도 맥주를 만들어 마셨다. 기원전 2300년 쯤에 제작된 고대 이집트 벽화는 그 시대의 맥주 제조 과정을 잘 보여준다. 나일강 주변에서 수확한 대맥으로 맥주를 만들었고 이 기술이 고대 그리스, 로마로 전해졌다. 피라미드를 건설할 당시에는 노동자들에게 임금으로 맥주를 지급했다는 기록이 남아 있다.

맥주라는 뜻의 BEER에 관한 어원에 대해서도 여러 가지 설이 있지만 '마시다'는 의미의 라틴어 'Bibere'에서 유래했다는 게 설득력이 있어 보인다.

유럽에서는 기원전 1800년경부터 맥주가 만들어졌던 것으로 여러 기록에 남아있다. 중세시대에는 수도원을 중심으로 맥주 양조가 성행했다. 모든 것을 자급자족해야 했던 수도원에서 생활하는 수도사들에겐 금식기간 동안 마실 음료가 필요했고 수도원 내에 맥주양조를 전담하는 부서가 있을 정도였다.

영국에서 에일(ale)과 포터(porter)가 만들어진 것은 8세기경이었다. 이후 10세기경부터는 맥주에 홉을 첨가하면서 쓴맛을 내는 맥주도 나오기 시작했다.

맥주 양조가 수도원 중심에서 일반 시민의 손으로 넘어온 것은 근세로 들어와서였다. 식품관련 법령으로는 세계최초로 꼽히는 독일의 맥주순수령이 제정 공포된 것도 1516년이다. 맥주순수령은 맥주를 만들 때 맥아, 홉, 물 이외에는 다른 재료를 사용해서는 안된다는 법이다. 당시엔 효모의 존재를 몰랐기에 효모는 포함되지 않았다. 맥주순수령은 맥주에 관한 조세 수입을 늘리려는 목적과 함께 밀, 호밀 등의 사용을 금지함으로써 식량을 확보하기 위한 목적도 있었다.

산업혁명 시기인 19세기에 들어와서 맥주는 비약적으로 발전하게 된다. 점차 몰락해가는 귀족들과는 달리 상업과 제조업으로 재력을 쌓은 신흥세력들이 맥주의 대중화를 크게 앞당겼다. 증기기관의 발명은 맥주의 대량 생산을 가능하게 했으며 냉장고의 발명은 계절에 관계없이 맥주양조를 가능케 함으로써 양조기술을 한 단계 끌어올리는 계기가 되었다.

여기에 프랑스의 루이 파스퇴르(Louis Pasteur)는 술이 효모의 작용에 의해 생성된다는 사실을 발견하면서 또 다른 발견으로 이어졌다. 술의 2차 발효를 방지하기 위한 저온살균법을 고안해내면서 맥주의 장시간 보관이 가능해졌다.

효모가 맥즙을 발효시킨다는 파스퇴르의 이론은 이웃 독일이나 덴마크로 건너가 효모의 순수배양기술을 개발해내면서 맥주의 품질을 한 단계 업그레이드시키는 기폭제가 되었다. 그 뒤 비열처리 공법이 나오는 등 맥주 양조에도 과학적인 접근이 이루어지면서 다양한 맥주의 맛을 즐길 수 있게 되었다.

재미있는 맥주이야기

맥주순수령(Reinheitsgebot 독일어 : 라인하이츠게보트)

1516년 독일 남부 바이에른 공국의 빌헬름 4세가 맥주 양조에 관해 반포한 법령이다. 맥주를 만들 때 몰트와 홉, 물 이외의 원료는 사용하지 말라고 정해 놓은 것으로 식품에 관한 가장 오래된 법률이다.

최근 들어 유럽공동체(EC) 논의 과정에서 다른 국가들이 비관세장벽으로 지적하자 수출용 맥주나 수입되는 맥주에는 맥주순수령을 적용하지 않는다. 하지만 독일 양조업자의 대부분은 아직까지 여전히 맥주순수령에 근거해 맥주의 품질을 유지하고 있다.

02
한국 맥주의 역사

　한국 맥주의 역사는 일제 강점기 때 일본 자본으로부터 출발해 이후 미군정과 한국전쟁을 거치면서 점차 국산화로 접어들었다.

　1876년 강화도조약 이후 기린, 에비스 등의 일본맥주가 조금씩 수입이 되다가 소비가 늘어나면서 국내에서도 맥주를 생산하기 시작했다. 1933년 일본의 대일본맥주(주)가 조선맥주(하이트맥주 전신)를, 기린맥주(주)가 소화기린맥주(오비맥주 전신)를 설립하면서부터다. 두 맥주회사는 광복 후 미군정에 의해 관리되다가 1948년 소화기린맥주는 '동양맥주'(Oriental Brewery)로 변경하면서 상호도 OB맥주로 바꾸었고, 조선맥주는 '크라운 맥주'로 바뀐다.

▲ 한국맥주의 역사를 같이 해온 오비맥주와 하이트진로의 경쟁은 현재진행형이다. (사진출처 = 두 회사 홈페이지)

이들 맥주회사가 민간에 불하된 건 1951년. 한국맥주는 이때부터 비로소 외세의 자본과 영향력에서 벗어나게 됐다.

1980년대 말까지는 OB맥주의 전성기였다. 시장점유율 80%를 넘겼지만 오래가지 못했다. 1991년 낙동강 페놀 누출사건이 터지면서다.

경북 구미공단에 있는 두산전자 페놀 저장탱크의 파이프가 터지면서 페놀원액이 낙동강으로 유입됐다. 페놀은 대구시민들의 수돗물인 다사취수장 뿐 아니라 낙동강 하류 밀양과 부산까지 피해를 입혔다. 정수처리과정에서도 문제가 있었다. 염소소독제를 대량으로 투입하자 클로로페놀로 변하면서 독성과 악취가 더 심해졌다. 급기야 두산그룹 전체에 대한 이미지가 급속도로 나빠졌고 자회사인 OB맥주에도 불똥이 튀었다.

OB맥주의 위기는 경쟁사였던 조선맥주에겐 기회였다. 1993년 '하이트(hite)'를 출시하면서 내세운 '지하 150m 암반수' 광고가 대히트를 기록했다. OB맥주가 수질오염을 유발하는 기업이란 낙인으로 주춤하는 사이 '청정 지하 암반수'를 내세운 CF는 소비자들을 파고들었다. 1996년, 마침내 국내 맥주 1위 자리를 꿰찬 조선맥주는 아예 사명까지 '하이트맥주'로 바꾸게 된다.

OB맥주는 1998년 벨기에 인터부르사에 매각되었고 1999년엔 '카스(CASS)'를 생산하던 진로쿠어스맥주(1992년 설립)를 인수하게 된다. 이후 OB맥주는 2011년 세계 최대의 맥주 기업인 AB인베브에 인수합병된다. 하이트맥주도 2005년 진로를 인수하는 등 지각변동이 있었다.

아이러니하게도 OB맥주가 하이트맥주를 다시 추월하게 된 것도 광고를 앞세운 비밀마케팅 영향이 컸다. 2012년부터 불기 시작한 '카스처럼'이란 유행어였다. 소주와 맥주를 섞어 마시는 소맥문화가 퍼지면서 OB맥주의 '카스'와 롯데주류의 소주 '처음처럼'을 섞은 '카스처럼'은 애주가들이 술을 주문할 때 빠지지 않는 메뉴였다. TV 광고와 포스터에도 '카스처럼'을 넣으면서 OB맥주가 하이트맥주를 다시 앞서게 된 것이다. 2014년엔 롯데주류가 '클라우드(Kloud)'로 맥주시장에 뛰어들기도 했다.

[표 1-1] 국내 소규모 맥주산업 관련 법규 개정 현황

연도	법규 개정 내용
2002	소규모 맥주 제조면허 부여 시작(제조장 내에서의 소비만 허용)
2013	일반맥주제조면허의 제조시설 규제 완화
2014	'외부 유통 금지' 조항 삭제, 세금 감면 폭 확대, 시설 기준 완화
2016	소규모 맥주 제조 양조장에서 병입 판매 허용
2018	소규모 맥주 소매점 판매 허용
2019	음식점의 생맥주 배달 허용
2020	종가세에서 종량세로 주세법 개정
2021	위탁제조 허용, 주류제조장에서 주류 이외의 제품 생산 허용

국내 맥주시장의 지각변동이 시작된 것은 2014년 4월 주세법 시행령이 개정되면서다. 소규모 맥주 제조자에 대한 세금 감면 폭을 확대하고, 맥주 제조시설 허가 기준을 완화했다. 당시 주세법 시행령 개정의 하이라이트는 '외부유통 금지' 조항을 없앤 것이었다. 시행령 개정 전까지는 소규모 맥주 제조장에서 맥주를 만들더라도 해당 업장 내에서만 판매가 가능했다. 때문에 2005년을 전후로 110여개로 대폭 늘어났던 하우스맥주 업소는 '외부유통 금지'라는 규제에 절반 이상 문을 닫은 상태였다. 2014년 주세법 시행령 개정으로 양조장 외부의 음식점, 맥주전문점 등으로의 맥주 공급이 가능해지면서 수제맥주의 대중화가 시작되었다.

이후 소규모 맥주 제조 면허가 봇물을 이루면서 이와 관련된 규제가 조금씩 풀리기 시작했다. 2016년엔 양조장에서 최종소비자

에게 바로 판매할 수 있는 병입 판매가 허용됐고, 2018년엔 백화점 뿐 아니라 동네의 슈퍼마켓, 편의점 등 소매점에서도 소규모 맥주 양조장에서 만든 맥주 판매가 가능해졌다.

▲ 2014년 주세법 개정으로 소규모 맥주 제조 면허가 되살아나기 시작했다.

2020년엔 맥주에 대한 세금 부과 방식이 종가세에서 종량세로 바뀌면서 세부담이 줄어들자 수제맥주 시장은 또 한 번 들썩였다. 이처럼 국내 맥주시장의 흥망성쇠는 주세법 개정과 맞물려 큰 폭으로 변화해왔다. 규제가 조금씩 풀릴 때마다 시장은 출렁거렸다. 앞으로도 맥주의 온라인 판매 허용 등 호재가 남아있어 수제맥주의 경쟁력이 어떻게 변할지 두고 볼 일이다.

03
수제맥주란?

    수제맥주는 말 그대로 풀이하면 자동화 장비를 갖추지 않고 손으로 만든 맥주라는 뜻이다. 하지만 따져보자. 현재 한국에서 수제맥주 양조장이란 곳이 모두 손으로 맥주를 만드는 곳인가? 실제 자가양조가 아닌 한 모든 양조장은 기계설비를 갖추고 있다. 그럼 대기업이 아닌 중소기업이나 소규모 양조장에서 만든 맥주를 수제맥주라고 해야 하는 걸까. 아니면 정말 자가양조자들이 자신들의 집에서 직접 만든 맥주 만을 수제맥주로 불러야 할까.

    이런 혼란이 생긴 이유는 미국에서 쓰는 크래프트 맥주(Craft Beer)를 우리말로 옮기면서 비롯됐다. 크래프트 맥주는 1970년대 말 미국양조협회(American Brewers Association, ABA)가 소규모로 소량 생산하는 로컬맥주를 의미하는 용어로 사용했다.

크래프트(craft)의 사전적 의미는 '수공예'라는 뜻이다. 수제맥주라는 용어가 굳어진 건 수공예라는 뜻을 그대로 옮긴 영향이 크다. 그러다 보니 흔히 손으로 직접 만드는 맥주라든가, 한 지역 내에서만 생산되고 유통되는 맥주로 오해를 일으키기도 한다.

우리나라에서 수제맥주라는 용어가 본격적으로 쓰이기 시작한 것은 2014년이다. 소규모 맥주 제조자가 만든 맥주를 외부로 유통할 수 있게 허용하면서다. 그 이전 2002년 소규모 맥주 제조면허를 부여하기 시작할 때는 생맥주 생산만 허용하였으며 그나마 제조장 시설 내에서의 소비만을 허용했다. 때문에 수제맥주라는 단어가 두루 쓰이기 전에는 '하우스 맥주'라는 단어가 주로 쓰였다.

요즘은 대기업이 아닌 개인이나 소규모 양조장이 자체 개발한 제조법에 따라 만든 맥주를 수제맥주라고 말한다. 요점은 각 지역에서 생산하는 특색있는 맥주를 수제맥주라고 한다는 것이다. 미국양조협회는 '소규모이면서 독립적이고(small and independent), 전통적인(traditional) 양조장에서 전통적인 방식으로 만든 맥주'를 크래프트 맥주라고 규정한다.

국내에선 한국수제맥주협회가 제시한 '수제맥주'의 기준을 참고할 만하다. 전국의 양조장을 회원사로 두고 있는 한국수제맥주협회는 소규모, 독립성, 지역성을 회원사의 중요한 기준으로 제시했다. 즉, 수제맥주 업체의 기준으로 연간 생산량 1만㎘ 미만의 소규모 업체로, 주류사업을 하는 대기업 지분이 33% 미만인 독립성을 갖추어야 하며, 주력 브랜드의 국내생산 비율이 80% 이상인 지역성을 가져야 회원사 자격을 주고 이들 회원사에서 생산한 맥주를 수제맥주라고 부르는 것이다.

한국수제맥주협회가 이런 기준을 세운 이유는 거대 자본의 간섭으로부터 자유롭고 또 소규모여야 특색과 개성을 갖춘 맥주를 양조할 수 있다는 크래프트 맥주의 정신 때문이다.

실제로 대기업 맥주업체가 수제맥주 브랜드를 자본력으로 인수하면서 시장의 다양성을 잠식하고 있다는 우려가 나오고 있다. 이 문제는 2018년 다국적 기업이면서 세계 최대 맥주회사인 AB 인베브가 국내 수제맥주 업체인 '더핸드앤드몰트'를 인수하면서 본격적으로 불거지기도 했다.

　제주도라는 지역 특색을 기반으로 2015년 설립된 한 맥주업체도 마찬가지다. 제주 감귤껍질을 넣은 몇몇 맥주 등은 코로나19 이후 홈술 트렌드를 타고 매출이 급증했다. 여세를 몰아 2021년 코스닥에 상장까지 하면서 이 업체는 국내 대기업 맥주 3사에 이어 4위 맥주회사로 발돋움하겠다는 포부를 밝히기도 했다. 생산라인도 확대해 2021년부터는 롯데칠성음료의 충북 충주 공장에서 대표 맥주 제품을 생산하고 있다. '타 주류 제조장에서의 위탁제조'가 허용되면서 지역적 특색이 퇴색된다는 우려에도 불구하고 강행한 것이다.

　하여간 지역성에 기반을 두면서 대기업 자본에 휘둘리지 않는 소규모 업체가 만드는 맥주를 수제맥주라고 한다면 이 업체가 제주지역을 벗어나 대량생산하는 일률적인 맛의 맥주를 수제맥주라고 할 수 있을 것인가는 고민해볼 문제다.

04
맥주의 분류

1. 발효 방법에 따른 분류

  맥주는 발효 공법에 따라 크게 에일(Ale)과 라거(Lager)로 나눌 수 있다. 둘은 발효 방식도 다르지만 가장 큰 차이는 효모의 차이다.
  에일효모를 사용하는 에일 맥주는 18~23℃에서 발효를 일으키며 역사적으로 오랜 전통을 가진 맥주들이다. 최근 한국에서 수제맥주로 시판되는 대부분이 에일 맥주이며 간혹 몇몇 양조장에서 라거맥주를 생산하기도 한다.
  에일맥주의 발효기간은 빠르면 4~6일, 통상 7일 정도이다. 발효가 빨라 라거보다 탄산이 적은 편이며 색깔이 짙고 바디감도 묵직하다. 홉의 향도 선명해 깊은 맛을 낸다.

　세계 맥주 생산량의 80%를 차지하는 라거 맥주는 라거효모를 사용한다. 발효온도도 10~13℃ 정도로 낮고 14일 정도의 1차 발효 과정을 거치며 약 한 달 이상의 2차 발효 과정을 거친다. 맛은 드라이하면서 가벼운 풍미, 시원한 청량감을 주는 맥주들이다. 우리나라의 카스나 하이트, 중국 칭따오, 독일의 밀러, 필스너 등이 모두 라거 맥주다.

　간혹 에일 맥주는 상면발효, 라거 맥주는 하면발효 방식이라고 이야기를 하는데 정확한 표현은 아니라는 논란도 있다. 에일 맥주는 상대적으로 높은 온도에서 발효하는 관계로 맥즙 윗부분에 크라우젠(발효과정에서 생기는 거품의 층)이 생길 정도로 발효가 활발해 효모가 상층부에서 활동한다고 상면발효라고 했다. 또 라거 맥주는 비교적 낮은 온도에서 발효가 진행되면서 눈에 드러나지 않아 아마 맥즙 아래 가라앉아서 발효를 일으키는 것이 아닐까라고 생각해 하면발효라고 한 측면도 있다는 것이다.

[표 1-2] 발효 방법에 따른 맥주의 분류

발효 및 특징	에일(ALE)	라거(LAGER)
발효 온도	18~23℃	10℃~13℃
발효 기간	7일	최소 14일, 최장 50일
사용 효모	에일효모	라거효모
맛	다양한 맛·향, 풍부한 바디감	청량감, 깔끔한 바디감
특징	오랜 전통, 적은 탄산	세계 맥주시장의 80% 이상
맥주 브랜드	소규모 양조장 맥주들	카스, 하이트, 필스너, 칭따오

에일(Ale)과 라거(Lager)도 아닌 맥주는 '람빅(Lambic)'이다. 에일과 라거에 쓰이는 효모는 맥주발효용으로 섬세하게 정제된다. 맥주를 발효시킬 땐 이렇게 만들어진 효모 외에는 다른 미생물이 침범하지 못하게 발효조를 잘 관리해줘야 한다. 다른 균이 침범해서 오염이 되면 맥주가 쉽게 상하게 되고 변질되기 때문이다.

하지만 람빅은 자연 발효 맥주이다. 발효 과정에서 일부러 공기에 노출시켜 대기 속에 떠다니는 야생상태의 효모, 박테리아 등이 앉도록 기다린 이후 오크통에 옮겨 담아 6개월 이상 발효시킨다. 야생 효모가 오랜 기간 발효를 시킨 탓에 람빅 맥주는 쿰쿰한 향을 품고 있다.

어떤 사람들은 향이 꼬리꼬리하다고 표현하기도 하고, 시큼한 신 맛이 난다고도 한다. 때에 따라선 곰팡이 향에 오래된 가죽의 향이 나기도 한다. 같은 사람이 같은 환경에서 만들어도 어떤 효모, 어떤 미생물이 맥즙에 들어오느냐에 따라 맛과 향이 제각각 다를 수밖에 없다.

1년~3년 정도 사이의 숙성기간이 다른 람빅을 섞은 후 병에 담아 다시 발효를 시킨 람빅을 괴즈(Gueuze)라고 한다. 숙성기간이 다른 람빅을 섞을 때 올드 람빅을 좀 더 많이 넣은 게 오드 괴즈(Oude Gueuze)이고, 람빅에 체리와 같은 과일을 넣어 발효시킨 것은 크릭(Kriek)이다.

2. 스타일에 따른 분류

벨지안 윗비어, 둔켈, 세종, 바이젠, 필스너….

맥주도 발효방법이나 재료, 맛, 향에 따라 나눌 수 있다. 와인이 포도 품종, 지역, 생산연도, 등급 등에 따라 세분하듯 맥주도 스타일에 따라 나누는 것이다. 맥주의 분류는 일반적으로 맥주심판인증프로그램(BJCP)의 스타일 가이드에 따른다.

BJCP 가이드라인은 전 세계에서 생산되는 맥주 스타일을 정리

한 자료이다.

발효방식, 알코올 도수, 색깔(SRM), 쓴맛의 정도(IBU), 초기 및 종료비중 등의 기준에 따라 크게 23가지의 맥주 종류와 5가지 기타 종류로 나누고 세분류로 78가지 맥주와 18가지 기타 세분류로 나눈다.

하지만 실험적인 맥주를 계속 만들어내는 소규모 양조장의 특성 상 새로운 맥주들이 쏟아져 나오고 있어 맥주의 스타일의 변화 또한 활발한 편이다.

3. 알코올 함량에 따른 분류

우리나라 주세법에 따르면 주류(술)란 주정과 알코올분 1도 이상의 음료를 말한다. 맥주도 당연히 주류(술)이다. 그렇다면 요즘 건강에 대한 관심 증가와 혼술·홈술 문화가 확산하면서 인기를 끌고 있는 무알코올·비알코올 맥주도 주류(술)일까.

엄밀하게 따지면 흔히 무알코올·비알코올 맥주는 맥주가 아니다. 맥주맛 음료이다. 알코올농도가 전혀 없거나 1% 미만이기 때문이다. 주세법상 알코올 1% 미만인 경우엔 주류가 아닌 음료로 구분된다.

또 알코올이 전혀 들어가지 않을 경우엔 무알코올, 알코올이

🍺 재미있는 맥주이야기 🍺

플랜더스 레드 에일(Flanders Red Ale)

플레미시 레드 에일(Flemish Red Ale)이라고도 한다. 맥주심판인증프로그램(BJCP)의 스타일 가이드에 따르면 유러피언 사우어 에일로 분류된다. 벨기에 서부 플랑드르 지역에서 생산되는 신 맛이 나는 맥주다. 이 지역에서 생산되는 맥주만 플랜더스(플레미시)라는 이름을 쓸 수 있다. 다른 지역에서 생산되는 신맛이 나는 맥주는 그냥 사우어에일이다.

공정은 자연발효 맥주인 람빅과 비슷하다. 다만 플레미시레드에일은 맥주원액을 1, 2차 발효 후 오크통(Oak Barrel)에서 18개월 정도 장기 숙성시킨다. 이 과정에서 오크통에서 배어나오는 탄닌 성분으로 떫은 맛과 신맛이 난다. 숙성 과정에서 나오는 이 신맛은 맥주라고 하기엔 너무나 독특한 맛이다. 포도향이나 체리향 같은 과일향도 이 과정에서 배어나온다.

이처럼 장기 숙성된 맥주와 숙성되지 않은 맥주를 일정한 비율로 섞어 만든 게 플레미시 레드 에일이다. 플레미시 레드 에일의 대표적인 맥주인 로덴바흐의 그랑크루(Rodenbach Grand Cru)는 2년간 숙성시킨 맥주 2/3에 미숙성 맥주 1/3을 섞어 만든다.

플레미시 레드 에일의 관건은 오크통이다. 프랑스 유명 와이너리에서 오크통을 받아오는 게 중요한 일이다. 오크통에 남아있는 와인의 흔적들과 이 오크통에 서식하는 락토바실러스(젖산균)가 이 맥주의 품질을 결정짓기 때문이다. 2년여의 숙성 과정에서 젖산균에 의해 이 맥주만의 독특한 신맛이 생겨난다.

독특한 신맛이 만들어지는 과정을 보면 플레미시 레드 에일은 람빅처럼 자연발효 맥주이긴 하다. 하지만 람빅과 다른 점은 신맛 외에 단맛이 있어 누구나 쉽게 마실 수 있는 맥주라는 것이다. 람빅처럼 쿰쿰한 그런 맛은 없다고 보면 된다.

플레미시 레드 에일은 페어헤게 브루어리에서 생산하는 듀체스 드 부르고뉴와 로덴바흐 양조장의 그랑크루가 유명하다.

플랑드르 지역 사람들은 식사 때엔 늘 이 맥주를 마시며 전통음식을 만들 때도 양념처럼 사용하기도 하는 등 일상생활과 아주 밀접한 관계가 있다.

0.9% 이하인 경우는 논알코올(또는 비알코올)로 구분한다.

[표 1-3] 알코올 함량에 따른 분류

특징	무알코올	비알코올
알코올 함량	0%	1% 미만
한글 표기	무알코올	비알코올, 논알코올, 제로
영문 표기	Alcohol free	Non alcohol, Non-alcoholic
숫자 표기	0.00	0.0 표기 가능
온라인 판매	○	○
성인용 표기	○	○
제조 공법	비발효	발효 후 알코올 분리

하지만 비슷한 의미의 다른 단어들을 혼용하고 있어 소비자들에게 혼란을 주고 있다. 무알코올, 저알코올, 비알코올로 표기하기도 하고 때로는 제로, 논알코올로 표기하기도 한다. 이를 정리하면 다음과 같다.

무알코올 맥주(Alcohol free beer) 혹은 알코올 프리 맥주는 알코올은 전혀 없이 맥주 맛을 내는 맥아음료로 보면 된다. 술을 전혀 마시지 못하는 사람이나 법으로 음주를 금한 나라에서 인기다. 알코올이 단 한 방울도 들어있지 않아야 하며 그래야만 알코올비율이 제로라는 의미의 '0.00' 혹은 '알코올 프리(Alcohol free)'라고 표기할 수 있다. 단, 무알코올이라도 '성인용'은 같이 표기해야 한다. 청소년들의 모방음주를 막기 위해서다.

비알코올 맥주(Non-alcoholic beer)는 1% 미만의 알코올이 포함된 맥주맛 음료이다. 이 역시 라벨에는 맥주로 표기하지 못한다. 무알코올 맥주와 달리 소량이기는 하지만 1% 미만의 알코올이 포함되어 있기에 알코올에 민감한 사람이나 임신부라면 특히 주의해야 한다. '비알코올', '논알코올(non alcohol)', '논알코올릭(Non Alcoholic)', '제로' 등으로 표기한 제품들이다.

여기에도 헷갈리는 표현이 있다. 무알코올은 '0.00'으로 표기하듯이 비알코올은 '0.0'으로 표기할 수 있다. 0.9%이하의 알코올을 포함할 수 있어서다. 예를 들어 'ㅇㅇ 0.0' 등으로 표기하지만 실제로 알코올은 소량 들어가 있다.

비알코올 맥주는 주류(술)가 아니기 때문에 무알코올 맥주처럼 온라인 판매가 가능하다. 문제는 비알코올을 무알코올로 알고 모르고 마시고 있는 소비자들이 대부분이라는 것이다.

무알코올과 비알코올은 제조공법도 다르다. 무알코올은 비발효 제품이다. 몰트 추출물 액기스에 홉과 다른 향을 첨가해서 만든다. 탄산음료 제조방법과 비슷하다.

비알코올은 맥주 만드는 것과 같은 방법으로 발효-숙성 과정을 거친 뒤에 최종적으로 알코올만 분리해 내는 방법이다. 알코올을 빼내기는 하지만 완전히 없애지는 못해 아주 소량의 알코올이 남아있게 된다.

4. 기타 분류

　소비자들이 특히 헷갈려하는 부분 중 하나가 맥주인가? 발포주인가? 하는 구분법이다.

　발포주는 맥아함량이 10% 미만이다. 주세법상 기준으로는 맥주가 아닌 기타주류에 포함되기 때문에 세금도 훨씬 적다. 재료비가 적게 들고 세금도 낮아 가성비를 중시하는 젊은층 소비자들에게 인기다. 맥주인가, 기타주류인가는 맥주라벨을 살피면 알 수 있다. 라벨의 '식품유형'에 맥주와 기타주류로 구분해서 표기한다.

　저알코올 맥주와 저탄수화물 맥주를 의미하는 '라이트 맥주(Light beer)'도 있다. 알코올은 대체적으로 3% 이하이며 맥주 고유의 맛을 유지하면서도 칼로리를 낮춘 제품들이다. 다이어트 열풍을 타고 성장하고 있다.

05

수제맥주,
아직 사서 마시나요?

  수제소세지 만들기, 도자기 만들기, 과일따기, 빵 만들기 등등.
아이들 덕에 해보는 체험들이다. 나름 재미도 있다. 하지만 체험의 주인공은 아이들이다. 이런 수많은 체험 속에서 오롯이 나만을 위한 체험은 없을까?
  수제맥주 만들기 체험은 어떨까?
  어렵지도 않다. 그래선지 자기 입맛에 맞는 맥주를 직접 만들어 마시는 사람이 부쩍 늘었다. 방법은 두가지다. 수제맥주 키트를 사서 집에서 직접 만드는 것과 수제맥주 공방을 찾아가서 자기 입맛에 맞는 맥아와 홉을 골라 직접 제조를 하는 방법이다.
  다만 집에서 직접 만드는 건 공간적인 제약이 크다. 특히 아파트는 맥주를 만들기에 어울리지 않는 구조다. 전문적인 양조기구를 갖추는 비용도 만만찮지만 더 큰 문제는 발효다. 온도를 일정하게 유지해주는 발효조가 없는 한 맛있는 맥주만들기는 어렵기 때문이다.

이를 해결해주는 곳이 수제맥주 공방이다. 관련 기구와 재료, 공간을 갖춘 공방에선 전문가의 도움을 받아 쉽게 수제맥주를 만들어 마셔볼 수 있다. 대구수제맥주학교 등 곳곳에서 운영중인 맥주공방에선 현재 수제맥주에 관심이 일기 시작한 2030세대 여성의 수업신청이 많고 중장년층 전문직종사자들의 신청도 점차 늘어나고 있다.

공방에서 체험교육을 받고 기본적인 맥주 제조 방법을 익히면 자가양조 키트를 사서 집에서도 쉽게 맥주를 만들어 마셔볼 수도 있다. 간단한 자가양조 도구는 약 10만~20만원이면 살 수 있다. 미니 양조장을 집안에 들이는 것이다.

맥주공방에서 진행하는 수업은 세가지다. 가장 간단한 방법은 맥아의 성분을 농축해놓은 원액 캔을 이용해 속성으로 만드는 방식이다. 큰 준비 없이도 간편하게 만들 수 있으면서도 맥주의 향과 맛 또한 좋아 수제맥주 만들기 초보자용으로는 딱 맞다. 맥주 만들기가 라면 끓이기보다 쉽다는 말이 나온 배경이다.

맥아에서 직접 맥아즙을 추출해내는 전체 곡물양조 방식(All Grain Brewing)은 조금 복잡하다. 맥아를 분쇄한 후 당화해서 맥아즙을 만드는 과정과 홉을 추가하는 과정을 포함하기 때문에 시간도 5시간 정도 걸린다. 캔에 담긴 맥아즙을 이용하는 방식이 기껏해야 30~40분 걸리는 것과 비교하면 엄청난 정성의 차이다.

 맥아 농축액과 맥아를 함께 사용하는 부분 곡물양조 방식도 공방에서 많이 사용하는 방법이다. 어떤 방법이든 최대 난제는 소독이다. 기구의 소독은 물론 손소독도 필수다. 소독에 소홀하면 효모보다 다른 균이 활성화되어 양조를 망치게 되기 때문이다. 쉰 맛이 나는 맥주는 대부분 소독에 실패해서 그렇다.

▲ 1차발효 후 병입해놓은 맥주들

 소독 후 몰트 우려내기-맥아즙 끓이기-홉 넣기-맥아즙 식히기-발효조로 옮기기-효모 넣기-발효-병입과정을 거쳐 탄산화가 이뤄지면 나만의 맥주를 즐길 수 있다. 아니다. 이 정도 정성이면 맥주를 음미하게 된다. 이 세상에 하나뿐인 맥주를 혼자서 음미하기 아깝다면? 지인들과 함께 나눠 마셔보자. 맥주를 만드는 즐거움이 배가 되고 또 다른 레시피를 찾아 맥주를 담게 된다. 그러면서 점차 맥덕(맥주 덕후)의 세계로 빠져드는 것이다.

어쨌거나. 최근 몇 년 새 수제맥주 만들기가 새로운 문화생활의 아이콘으로 떠오른 건 사실이다. 직접 원두를 볶고 갈아 내려서 마시는 커피문화가 확 번졌던 것처럼 이젠 나만의 맥주를 만들어 음미하고 나눠 마시는 문화가 형성되고 이것이 빠른 속도로 대중화되는 시대다.

이제 가까운 맥주공방을 찾든, 맥주 아카데미 강좌에 등록을 하든, 아니면 이 책을 통해서든 차근차근 맥주 이론과 맥주 만드는 방법을 알아보자. 새로운 즐거움이 기다리고 있다.

PART II

차근차근
배우는 맥주 이론

01 술의 종류
02 알코올발효
03 당(糖)
04 맥주의 재료와 역할
05 맥주의 부재료 및 활용방법
06 맥주 첨가제
07 자가양조 용어 및 약어

01
술의 종류

  음주문화가 확 바뀌고 있다. 이는 직장 내 회식문화의 변화와 맞물려 있다. 불과 몇 년 전까지만 하더라도 1차 소주, 2차 맥주, 3차 노래방이 회식의 정석이었다. 이젠 다르다. 1차로 술자리를 끝내는 경우가 대부분이다. 이런 변화와 함께 음주문화도 많이 바뀌었다. '소맥(소주+맥주)' 위주에서 이젠 소주든 맥주든 각자가 원하는 술을 자신의 주량에 맞게 마신다.

  이런 환경의 변화에 맞춰 찾는 술의 종류도 다양해졌다. 때문에 기본적인 술의 종류만이라도 알고 마시면 더 맛있다는 건 당연하다. 술자리에서 조금 아는 체 할 수 있다는 것은 덤이다.

1. 주세법 상의 주류의 종류

2021년 3월 1일부터 시행된 주세법 제5조는 주류의 종류를 주정과 발효주류, 증류주류, 기타 주류 등 네 가지로 나누고 있다.

❶ 주정

먼저, 술은 주정과 알코올 1도 이상인 모든 음료라고 정의해두고 있다. 주정은 녹말 또는 당분이 포함된 재료를 발효시켜 알코올분 85도 이상으로 증류한 것 또는 알코올분이 포함된 재료를 알코올분 85도 이상으로 증류한 것이라고 정해두고 있다. 희석식 소주가 이 주정을 물과 희석해 만든 술이다.

❷ 발효주

발효주는 과실이나 곡류를 당화시켜 생긴 당(주로 포도당)이나 과실 자체의 당을 발효시켜 만든 술로 탁주와 약주, 청주, 맥주, 과실주로 구분한다.

그 중에서도 맥주라 함은 발아한 맥류, 홉, 전분질 원료, 물 등을 원료로 하여 발효시켜 제성하거나 여과하여 제성한 것 또는 발효·제성 과정에 녹말이 포함된 재료, 당분 캐러멜, 탄산가스, 주정 등을 혼합한 것을 말한다.

발효주는 모두 효모가 당을 먹고 알코올과 탄산가스를 생성해 내는 알코올발효 과정을 거친다. 발효주는 모든 술의 출발점이 되는 술이다. 발효주를 증류하거나 혹은 혼합하여 다른 술을 만들기 때문이다.

❸ 증류주

증류주는 발효주를 증류한 술로 발효주보다 알코올 성분의 비율을 높인 술이다.

막걸리를 증류한 것이 소주(燒酒)이다. 이를 증류식 소주라고 하고 동네 마트에서 싼 가격에 살 수 있는 소주는 주정에 물을 탄 희석식 소주이다. 안동소주, 문배주, 진도홍주, 제주고소리술 등이 증류 소주이다.

맥주를 증류하면 '위스키, 보드카, 진'이고 와인(과실주)을 증류하면 브랜디(Brandy)이다. 흔히 이야기하는 꼬냑은 프랑스 꼬냑 지역에서 생산되는 브랜디를 말한다.

[그림 2-1] 발효주와 증류주

테킬라(tequila), 럼(rum), 중국의 빠이주(백주)도 증류주이다. 멕시코 선인장인 용설란(龍舌蘭, 학명: Agave)의 수액을 추출하여 발효시키면 하얗고 걸쭉한 탁주 형태인 풀케(pulque)가 되는데 이것을 증류한 것이 테킬라이다. 럼은 사탕수수의 즙을 발효시킨 후 증류를 했다.

❹ 기타주류

기타주류는 위의 세 가지 분류에 속하지 않는 술들이다. 혼합주, 칵테일 등이 여기에 속하고 일반 가정에서 과일에 소주를 부어 만드는 담금주(침출주)도 기타주류에 속한다.

대형마트에서 사가지고 온 맥주 중에도 맥주가 아닌 기타주류인 경우도 있다. 이는 캔이나 병의 라벨을 보면 확인할 수 있다. 라벨에 '식품유형 : 맥주'라고 적혀있지 않고 '식품유형 : 기타주류'로 적힌 경우다.

2. 맥주인가? 기타주류인가?

술의 종류와 관련해서 빠트릴 수 없는 내용은 맥주인가? 기타주류인가? 하는 구분법이다. 2021년 3월1일부터 시행된 주세법 시행령을 보자.

'원료곡류 중 발아된 맥류의 사용중량은 녹말이 포함된 재료, 당분 또는 캐러멜의 중량과 발아된 맥류의 합계중량을 기준으로 하여 100분의 10 이상이어야 하고, 맥주의 발효·제성과정에 과실(과실즙과 건조시킨 과실을 포함한다. 이하 같다)을 첨가하는 경우에는 과실의 중량은 발아된 맥류와 녹말이 포함된 재료의 합계중량을 기준으로 하여 100분의 20을 초과하지 않아야 한다.'

▲ 제품유형이 기타주류이다. 기타주류는 맥주보다 세금이 싸다.

모든 법령이 그러하겠지만 주세법 시행령의 내용도 매우 어렵게 작성되어 있다. 그냥 쉽게 풀이하면 다음과 같다.

맥주에는 맥아 외에 대두단백, 옥수수 등과 같은 녹말이 포함된 재료가 사용된다. 또 당분, 캐러멜도 재료로 쓰인다. 이 모든 재료를 합한 합계중량에서 맥아의 함량이 10% 이상이어야 맥주라는 것이다. 10% 이하이면 기타주류로 취급한다.

또 맥주의 발효와 제성 과정에 과실(과실즙과 건조시킨 과실 포함)을 첨가하는 경우에는 맥아와 녹말이 포함된 재료의 합계중량을 기준으로 20% 이하여야 맥주이다. 과실의 함량이 20% 이상이면 맥주가 아니라 기타주류이다.

참고로 한국맥주의 맥아비율을 살펴보면 오비 프리비어, 맥스, 클라우드는 100%이고 피츠와 드라이d는 80%대이다. 90년대 초중반에 태어난 카스와 하이트는 주세법이 바뀌기 전의 맥아비율인 66.7%를 아직까지 유지해오고 있다. 만약 맥아비율을 갑자기 낮추게 되면 소비자들이 금방 맥주맛의 변화를 느끼기 때문이다.

반면 필라이트와 필굿, 망고링고는 맥아함량이 10%에 미치지 못해 기타주류(발포주)로 분류된다.

맥주와 기타주류의 차이는 세금의 차이로 이어진다. 맥주와 기타주류에 대한 세금은 차이가 크다. 여기에다가 맥주에는 교육세 30%와 부가세 10%가 덧붙게 되지만 기타주류는 교육세 10%와 부가세 10% 선이니까 세금의 차이는 엄청난 편이다.

02
알코올발효

1. 술이 만들어지는 원리

술이 만들어지는 과정은 간단하게 말할 수 있다. 실제 과정은 복잡하지만 한 문장으로 표현하면 다음과 같다.

"당(주로 포도당)에 효모를 뿌리고 7일간 기다리면 효모가 당을 먹고 알코올과 탄산가스(CO_2)를 만들어내는 과정이다"

당이 효모(Yeast)의 활동으로 알코올로 변하는 것이 알코올발효 과정이다. 그러므로 과일이든, 꿀이든, 당 성분이 있는 원료에 효모만 뿌리면 술이 될 수 있다. 비단 맥주 뿐 아니라 발효주인 와인과 막걸리도 이같은 알코올발효 과정을 거쳐 술이 된다. 〈그림 2-2〉는 술이 만들어지는 원리를 단순하게 보여준다.

[그림 2-2] 알코올 발효 과정

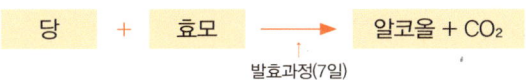

　이처럼 효모라는 미생물이 당을 먹고 알코올과 이산화탄소를 만드는 과정을 알코올발효라고 한다. 효모가 포도당을 분해해서 발효하면 맥주, 와인, 막걸리가 되는 것이 대표적이다.

　효모를 처음으로 관찰하고 분리 배양한 건 1680년 네덜란드의 레벤후크(Leeuwenhoek)가 현미경을 발명하고 나서였다. 효모의 알코올발효 능력을 알아챈 건 이보다 훨씬 늦은 1861년 파스퇴르에 의해서다.

[그림 2-3] 술이 만들어지는 원리

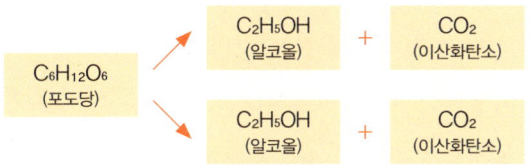

　이론상으로는 포도당 1개가 알코올 2개와 이산화탄소 2개를 만들어낸다. 이때 생성되는 알코올과 이산화탄소는 식음료에 따라 활용방법이 다르다. 맥주와 스파클링 와인은 알코올과 이산화탄소를 모두 사용하며, 와인은 이산화탄소를 버리고 알코올만 활용한다. 반면, 빵은 알코올을 버리고 이산화탄소만 활용해 숙성하면서 부풀리는 역할을 한다.

발효엔 알코올발효 외에도 젖산발효와 초산발효도 있다. 젖산균이 포도당을 분해해서 발효를 일으켜 김치나 치즈, 요구르트가 되는 것은 젖산발효라 하고 아세트산균이 발효를 하면 식초가 되는데 이는 초산발효이다.

[표 2-1] 발효의 종류

구분	원인균	생산품
알코올 발효	효모	발효주
젖산 발효	젖산균 혹은 유산균	김치, 치즈, 요구르트
초산 발효	아세트산균	식초

젖산발효를 통해 나온 식품은 천연방부제 역할을 한다. 냉장고 발명 이전 식품을 오래 보관하는 방법으로 사용되기도 했다.

발효란 미생물이 자기가 생산하는 효소를 이용해서 유기물을 분해하는 과정을 말한다. 이때 사람이 의도한 대로 유용하게 바뀌면 '발효'이고 그렇지 않으면 '부패'이다. 둘 다 과학적으로는 비슷한 과정으로 진행이 되지만 인간이 느끼는 기준에 따라 발효와 부패로 갈리는 것이다.

무엇을 분해시키느냐에 따라서 발효와 부패가 갈리기도 한다. 주로 당을 분해하면 발효이고 주로 단백질을 분해하면 부패가 된다.

🍺 재미있는 맥주이야기 🍺

젖산균을 넣어 만드는 맥주 _ 베를리너 바이세(Berliner Weisse)

베를리너 바이세는 독일 베를린 시 인근에서만 만드는 밀맥주다. 맥주를 발효시킬 때 효모와 함께 젖산균인 락토바실러스(Lactobacillus)를 넣어 알코올발효와 젖산발효가 함께 이루어진다.

때문에 이 맥주의 가장 큰 특징은 '신맛'이다. 그렇다고 사우어비어처럼 강한 신맛이 아니라 산미가 있는 시큼한 맛이라 할 수도 있고 깔끔한 신맛이라고 할 수도 있는 그런 맛을 낸다. 홉의 쓴맛이나 맥아의 단맛을 최대한 억제시킨 가볍고 산뜻한 맛이다. 알코올도수는 3% 정도로 낮은 편.

역사적으로는 16세기 때부터 만들어져온 맥주다. 19세기 초 나폴레옹 군대가 베를린을 점령한 후 이 맥주를 맛보고는 '북유럽의 샴페인'이라는 별명을 붙였다(두산백과 참조).

20세기 들어서면서 점차 쇠퇴했다가 근래 크래프트 맥주 붐이 일면서 조금씩 이 맥주를 만드는 양조장이 늘어나는 추세다. 현재 베를린에서 판매되는 베를리너 바이세는 킨들(Kindl) 제품만 볼 수 있다.

베를리너 바이세라는 명칭은 베를린 시 권역에서 만들어야만 붙일 수 있다. 꼬냑(Cognac)이라는 이름도 프랑스 꼬냑 지방에서 생산되는 포도주를 원료로 한 브랜디에만 붙일 수 있는 것과 같다. 우리나라로 치면 일종의 '지리적표시제'인 셈이다. 이 때문에 독일 이외의 나라에서 만드는 베를리너 바이세는 '베를리너 스타일 바이세(Berliner Style Weisse)'라고 한다. 독일에선 베를리너 바이세를 마실 때는 신맛을 중화시키기 위해 필스너 같은 라거맥주와 섞어 마시기도 하며 빨간색의 라즈베리(raspberry) 시럽이나 초록색의 우드러프(Woodruff) 시럽을 넣어 마시기도 한다. 입구가 넓은 잔에 빨대를 꽂아 서빙하기 때문에 칵테일처럼 마시는 것도 특징이다.

2. 발효 방법

발효는 단발효와 복발효로 나눈다. 또 복발효는 당화와 알코올발효가 순차적으로 일어나는 단행복발효와 당화와 알코올발효가 동시에 일어나는 병행복발효로 나누어 볼 수 있다.

❶ 단발효(單醱酵·single_step fermentation)

포도 등의 과일과 아가베, 사탕수수 등 당분이 있는 원료에 효모를 넣어 따로 당화 과정 없이 발효가 이루어져 알코올을 만들어 내는 것이 단발효이다.

쑥이나 솔잎, 매실 등의 약재에 설탕을 넣어 만드는 효소발효액에도 효모를 넣어주면 단발효를 통해 술이 된다.

❷ 복발효(複醱酵·two_step fermentation)

곡물류처럼 전분이 주성분인 재료는 전분을 포도당으로 바꿔주는 당화과정이 먼저 필요하다. 이후 이 당을 알코올로 만드는 알코올발효가 일어나는데 이를 복발효라고 한다. 복발효는 다시 단행복발효와 병행복발효로 나뉜다.

- 단행복발효

효소가 전분을 당으로 바꿔주는 당화와 당을 알코올로 만들어주는 알코올발효가 순차적으로 일어나는 발효이다. 즉, 효소가 전분을 당화시켜 당을 만들고 나면 거기에 효모를 투입해 알코올을 만드는 방식이다.

대표적인 단행복발효는 맥주 양조과정에서 일어난다. 보리의 싹을 틔워 말리면 아밀레이스(Amylase)라는 효소가 활성화된다. 이것이 맥아(몰트 · malt)이다. 맥아를 65~70℃ 정도의 물 속에 60분~90분 동안 담가두면 효소가 활동하면서 전분을 당으로 바꿔준다. 당화과정이 일어나는 것이다. 당화가 끝나고 홉을 넣어준 이후에 여기에 효모를 투입하면 효모가 당을 먹고 알코올과 CO_2를 만들어낸다. 효소에 의한 당화와 효모에 의한 알코올발효가 순차적으로 발생한다.

참고 2015년 개정 교육과정에 따라 아밀라제라는 용어가 아밀레이스로 바뀌었다. 아밀라제라는 용어는 독일어 발음을 따른 표기로서 일제강점기 때 일본을 통해 들어온 이후 그동안 사용되어 왔다.

● **병행복발효**

전통주를 빚는 재료인 누룩에는 효소와 효모가 함께 들어있다. 이 누룩 속의 효소가 전분을 당으로 바꿔주고 효모는 알코올발효를 일으킨다. 이처럼 당화과정과 알코올발효 과정이 동시에 일어나는 발효가 병행복발효이다. 때문에 병행복발효가 단행복발효보다 더 까다로운 발효방법이다.

[그림 2-4] 발효방법

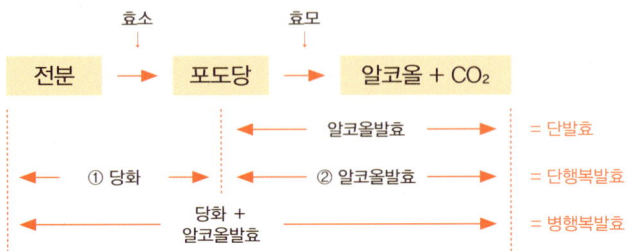

[표 2-2] 발효방법과 대표주종

구분		발효방법	대표주종
단발효		당화 없이 알코올발효만	와인
복발효	단행복발효	당화–알코올발효 순차적	맥주
	병행복발효	당화+알코올발효 동시에	전통주

03
당(糖)

맥주를 만들 때 필요한 당분은 몰트를 비롯한 곡물류에서 나온다. 몰트에 있는 효소를 활성화시키면 이 효소가 몰트 내부에 있는 전분질을 작게 분해해서 단당류 혹은 이당류로 바꾼다. 이 과정이 당화 과정이다. 알코올발효는 이렇게 생성된 당을 효모가 먹고 알코올과 CO_2를 만들어내는 과정이다.

전분질은 탄수화물이다. 때문에 탄수화물에 대한 이해가 선행되어야 맥주 양조 과정도 쉽게 이해할 수 있다.

1. 탄수화물의 분류

 탄수화물은 우리 몸의 에너지원으로 쓰이는 3대 영양소 중 하나이다. 맥주양조에서는 이를 잘게 분해해 효모의 먹이로 쓰이는 부분을 중점적으로 다룬다. 탄수화물은 가수분해에 의하여 생성되는 가장 간단한 단당류의 수에 따라 분류되며 대표적인 단당류가 포도당이다.

 단당류는 더 이상 가수분해 할 수 없는 가장 작은 단위의 당이다. 생물 조직 내에서 에너지원으로 소비되는 포도당(glucose)은 대표적인 단당류이다. 과일과 꿀에 많은 과당은 단맛이 가장 강하다. 갈락토스는 단독으로 존재하지는 못하고 포도당과 결합해 유당(lactose)이라 불리는 이당류의 형태로 존재한다. 단맛은 포도당보다 약하다.

 이러한 단당류가 두 개 결합된 것이 이당류이다. 설탕(혹은 자당 · sucrose)은 포도당과 과당이 결합된 당으로 채소나 과일의 액즙, 사탕수수에 많이 포함되어 있다. 맥아당(혹은 엿당 · maltose)은 포도당 두 개가 결합된 것으로 보리가 발아할 때 생성된다. 포도당과 갈락토스가 결합된 유당(혹은 젖당 · lactose)은 동물의 젖 속에 많이 포함되어 있고 물에 잘 녹지 않는 성질이 있다. 단당류와 이당류가 알코올로 바뀌는 발효당이다.

 10개 이상의 단당류가 결합된 것을 다당류라고 한다. 대표적인 다당류인 탄수화물은 포도당의 집합체로서 포도당 10개~수천 개가 결합된 것이다.

[그림 2-5] 탄수화물의 분류

2. 발효당과 비발효당

발효당은 말 그대로 발효가 자연스럽게 잘 이루어지는 당으로 보통은 단당류, 이당류를 말한다. 다당류인 탄수화물을 가수분해해서 발효당인 포도당으로 바꿔주는 역할을 하는 효소가 아밀레이스(Amylase)이다.

탄수화물 분해효소인 아밀레이스가 당과 당이 결합된 탄수화물을 단당 혹은 이당류로 끊어주고 잘라주면 발효가 가능한 포도

당으로 분해된다. 알코올발효를 통해 효모가 단당 혹은 이당으로 분해된 당을 먹고 알코올과 이산화탄소를 만들어낸다.

비발효당은 덩치가 커서 효모가 먹을 수 없는 당이다. 비발효당은 알코올로 전환되지 않는 당이기 때문에 맥주 속에 잔당으로 남는다. 그러면 맥주는 달달한 맛이 나며 바디감이 풍부해지게 된다.

발효당과 비발효당은 맥주양조 공정 중 당화를 설명할 때 상세하게 다룬다.

04
맥주의 재료와 역할

맥주를 만들려면 뭔가 오묘한 재료들이 있어야 할 것 같다. 실제로 특색 있는 몇몇 맥주를 마셔본 사람이라면 아주 특별한 재료들을 넣어야 그 향과 맛을 낼 수 있을 것 같기는 하다. 하지만 맥주를 직접 만들어보면 의외로 단출한 재료에 놀란다.

몰트, 홉, 효모, 물. 이 네 가지 재료만으로도 훌륭한 맥주를 만들 수 있기 때문이다.

1. 몰트(malt 麥芽)

❶ 몰트란?

좁은 의미의 몰트는 보리의 싹을 틔운 후 말려놓은 것이다. 흔히 맥아라고 한다. 그렇다고 몰트가 보리만을 가르키는 것은 아니다. 포괄적인 의미로는 발아시킨 후 말려놓은 모든 곡물을 의미한다. 보리 뿐 아니라 밀, 귀리, 호밀 등이 많이 쓰이는 재료들이다. 하지만 곡물류의 맥주 재료 중에서 보리가 주로 사용되기 때문에 몰트라고 하면 보리의 싹을 틔워 말린 것이라고 봐도 무방하다. 다른 재료들은 밀몰트, 호밀몰트 등으로 재료이름을 앞에 붙이는 게 보통이다.

▲ 두줄 보리(사진=픽사베이)

▲ 여섯줄보리(사진=픽사베이)

    맥주 양조에 사용하는 보리는 두줄보리이다. 여섯줄보리보다 알이 굵고 단백질 함량은 낮으며 전분함량은 더 높다. 보리밥으로 먹는 보리가 여섯줄보리이다.

❷ 몰트의 역할

    첫째, 알코올발효를 위한 당을 추출해내는 역할을 한다. 보리의 싹을 틔우는 이유는 보리 속에 들어 있는 효소인 아밀레이스를 활성화시키기 위해서다. 아밀레이스는 보리의 전분질을 분해해 당으로 바꿔주는 효소이다. 이 과정을 당화(mashing)라고 한다. 이때 당화 온도에 따라 효모가 먹고 알코올과 이산화탄소를 만들어낼 수 있는 발효당과 맥주 속에 잔당으로 남게 되는 비발효당이 나온다.

 발효당이 많으면 알코올도수가 높아지며 드라이한 맥주가 만들어지고 비발효당이 많으면 효모가 먹을 수 없는 당이기 때문에 잔당으로 남아 바디감이 풍부한 맥주가 된다. 당화과정에서 생성된 당에다가 효모를 뿌려주면 효모가 당을 먹고 알코올과 이산화탄소를 만들어 낸다.

 둘째, 맥주의 단맛, 쓴맛, 구수한맛, 신맛, 탄맛 등 다양한 풍미를 제공해준다. 또 곡물류를 볶는 과정에서 빵 혹은 비스킷, 커피, 초콜릿, 카라멜 등 다양한 맛과 향이 나온다.

 셋째, 몰트는 맥주의 색깔을 결정해준다. 고온에 볶은 몰트는 색깔이 검다. 이런 몰트를 사용해 포터나 스타우트 등 색이 짙은 맥주를 만든다. 몰트의 색깔을 나타내는 단위는 Lovibond이다. 0~600 사이의 숫자로 표시를 하는데 숫자가 높아질수록 몰트의 색깔은 짙어진다.

❸ 몰트의 종류

 당화과정을 통해 당을 추출해내기 위한 역할을 주로 하는 몰트를 베이스몰트라고 한다. 필스너 몰트, 페일 몰트, 2-Row 몰트, 뮤닉 몰트, 비엔나 몰트, 밀 몰트 등이 베이스몰트이다. 당화효소가 많아 맥주에 당분을 제공하는 중요한 역할을 한다.

특수몰트는 맥주에 특별한 향미와 색을 부여하기 위해 넣는 몰트로 카라멜 몰트, 초콜릿몰트, 로스티드 몰트 등이다. 베이스몰트에 비해 상대적으로 적은 양을 사용한다.

이외에 부가곡물로 부드러운 질감을 위해서 넣는 오트밀과 풍성한 거품을 위한 플레이크드 발리 등을 사용하기도 한다. 베이스몰트와 특수몰트, 부가곡물을 어떻게 조합하느냐에 따라서 맥주마다 고유한 풍미와 색깔이 결정된다.

▲ 다양한 몰트들

④ 국내 몰트의 생산

비교적 최근까지 국내 맥주양조장에서는 수입산 맥아를 사용해왔다. 국내산 보리를 가공해서 판매하는 곳이 없었기 때문이다. 다만, 앞으로는 국내산 맥아를 사용해 맥주를 양조하는 곳이 점차 늘어날 전망이다. 2021년부터 군산시농업기술센터가 연간 250톤 규모의 맥아 제조시설을 갖추고 역시 이 지역에서 생산되는 보리를 가공해 맥아로 판매하고 있기 때문이다.

2. 홉(Hop)

❶ 홉이란?

홉은 휴물러스 루풀러스라는 학명을 가진 여러해살이 덩굴식물의 꽃이다. 암수가 구분되는데 홉은 암그루의 꽃이다. 봄이 되면 뿌리에서 싹이 나와 철사줄을 타고 높이 6m 이상 자란다. 8월 말쯤이면 이 덩굴식물의 뿌리 윗부분을 싹둑 잘라 수확을 하고 솔방울 모양의 꽃을 따서 사용한다.

지금도 홉은 대부분 수입해오고 있지만 1970년대부터 1990년대까지는 강원도 등에서 홉을 재배했다. 하지만 농산물 수입 개방으로 수입산 홉이 값싸게 들어오면서 점차 사라졌다가 국내에 소규모 맥주 제조장이 늘면서 최근 홉 재배가 재개되고 있다. 강원도 홍천과 제천, 전북 부안 등지에서 많이 재배하고 있다.

최근에는 국내에서 유기농으로 재배하는 홉도 출시되고 있다. 유기농 홉은 맥주양조 뿐 아니라 홉차 등으로 활용범위를 넓혀가고 있고 홉의 덩굴은 화훼장식용으로도 쓰이는 등 다양한 용도로 쓰이고 있다.

▲ 덩굴식물인 홉은 여러해살이 덩굴식물의 꽃이다.(사진=픽사베이)

❷ 홉의 성분

전 세계에 재배되고 있는 홉은 200여 종 이상으로 홉마다 다양한 풍미와 향을 낸다. 그 비밀은 홉을 세로로 길게 잘라 단면을 살피면 안쪽에 노란 알갱이처럼 보이는 루플린(lupulin)에 있다.

루플린에 포함된 많은 화학물질 중 '알파 애시드(알파산·Alpha Acid)'는 맥주에 쓴맛을 부여하는 주성분이다. 홉을 맥즙에 넣고 끓이면 알파 애시드는 이성체화 되어 '이소 알파 애시드'로 변화된다. 과학문화포털 사이언스올에 따르면 이성체화는 화합물이

분자식을 바꾸지 않고 다른 화학구조로 변하는 반응이다.

> 🍺 **재미있는 맥주이야기** 🍺
>
> **알파 애시드(Alpha Acid, AA)란?**
> 알파 애시드는 맥주의 쓴맛을 내는 홉 성분이다. AA 혹은 AAU(Alpha Acid Units)로 표시한다.
> 알파 애시드의 수치는 2~16 사이로 %로 표시하는데 AA가 높을수록 쓴맛도 강하다. AA는 홉 품종에 따라 다르며 홉마다 고유의 수치를 가지고 있다.

이성체화 되기 전의 알파 애시드는 물에 녹지도 않을뿐더러 쓴맛도 나지 않는다. 맥즙에 넣고 끓여야 이성체화가 진행되고 비로소 쓴맛이 나는 수용성 이소 알파 애시드가 생성 된다. 홉은 오래 끓일수록 더 많은 알파 애시드가 이성체화 되고 쓴맛도 강해진다.

반면 루플린 속의 다른 성분인 홉 오일(Oil)은 독특한 향을 가지고 있지만 휘발성이 높아 오래 끓이게 되면 날아가게 된다. 때문에 홉은 쓴맛이냐 향이냐는 목적에 따라 끓이는 시간을 다르게 하는 것이다. 쓴맛을 내기 위한 홉은 60분 동안 끓이고 향을 내기 위한 홉은 10분 이내로 짧은 시간만 끓인다. 때론 맥즙을 끓이는 시간이 지나고 불을 끄고나서 홉을 투입하는 경우도 있다.

❸ 홉의 역할

 맥주양조에 쓰이는 홉은 아주 적은 양이 들어가지만 없어서는 안될 만큼 맥주의 향과 풍미에 결정적인 역할을 한다.

 가장 큰 역할은 맥주 특유의 쓴맛을 부여한다는 점이다. 홉을 세로로 길게 잘라 단면을 보면 안쪽에 노란 알갱이처럼 보이는 것이 루프린(lupulin)으로 맥주의 쓴맛과 향을 내는 역할을 한다.

 홉은 맥주에 다양한 향을 제공하는 중요한 요소이기도 하다. 홉은 각각 가지고 있는 아로마(Aroma)가 다르다. 자몽, 레몬, 오렌지 같은 열대과일 향과 때론 화사한 꽃향기, 풀 향, 흙 냄새 등 맥주 종류마다 쓰이는 홉이 달라 그 맥주의 독특한 풍미(Flavor)를 드러내는 특성이 있다.

 홉은 방부제의 역할을 하기도 해 맥주의 보존성을 높여 주기도 한다.

❹ 홉의 종류

 홉은 양조자가 의도하는 바에 따라 끓이는 시간이 다르다. 몰트를 일정한 온도에 담가 당을 추출해내는 과정이 당화이다. 당화를 통해 몰트로부터 당을 뽑아낸 액체를 맥즙이라고 한다. 대게는 맥즙을 1시간 동안 끓이면서 홉을 첨가하는 보일링(Boiling) 과정을 거치는데 홉을 언제 투입하느냐에 따라 맥주에 반영되는 홉의 특징은 달라진다.

기본적으로는 어떤 홉이든지 맥즙에 넣고 오래 끓이면 쓴맛은 강해지고 홉 특유의 아로마는 줄어들게 된다. 향은 끓일수록 날아가기 때문이다. 대신 짧은 시간을 끓이면 쓴맛은 덜하지만 홉이 가진 향은 더 많이 남게 된다. 맥주에 쓴맛을 더하기 위해 사용하는 홉인지, 아로마를 부여하기 위해 사용하는 홉인지 그 목적에 따라 홉은 다음 세 가지로 나눌 수 있다.

- 비터링 홉(Bittering Hop)

맥주에서 쓴맛을 내기 위한 용도로 사용되는 홉이다. 쓴맛을 내는 주성분인 '알파 애시드(AA)' 수치가 높다. 홉을 투입하기 위해 맥즙을 끓이는 시간은 대부분 60분인데 맥주의 쓴맛을 내기위한 목적의 홉은 보통 맥즙이 끓기 시작하면 바로 넣는다. 매그넘, 워리어, 너겟, 치눅, 크리스탈, 소라치 에이스 등이 비터링 홉이다.

- 아로마 홉(Aroma Hop)

쓴맛보다는 맥주에 향을 더하기 위해 사용하는 홉이다. 알파 애시드(AA)가 낮고 오일 성분인 향이 비교적 많다. 맥즙 끓이기 종료 5분 내로 남긴 시점에 투입한다. 캐스케이드, 사츠, 할러타우, 시트라, 모자익 등의 홉이 대표적이다.

• **비터링+아로마 홉**(Dual Purpose Hop)

　비터링 홉으로도 사용할 수 있고 아로마 홉으로도 사용할 수 있는, 말 그대로 두 가지 목적으로 모두 사용 가능한 홉이다. 알파 애시드(AA)가 높지만 향도 풍부한 홉이다. 맥즙을 60분 끓인다면 끓이기 종료 30분 전에 투입하는 홉들이다. 센테니얼, 심코, 아마릴로, 콜럼버스, 갤럭시, 넬슨 소빈 등이 두 가지 목적으로 쓰이는 홉들이다.

❺ 홉의 유통 형태

　홉의 수확시기는 8~9월 한 철이다. 싱싱한 홉을 사용하면 최대의 아로마를 뽑아 낼 수 있지만 이 상태로 유통할 수 있는 기한은 너무 짧아 다양한 형태로 가공을 한다.

　수확한 홉은 몇 가지 형태로 유통된다. 가장 많이 유통되고 있는 형태는 홉을 수확한 후 바로 건조하고 분쇄-압축 과정을 거쳐 원통형 작은 알약 모양으로 만든 펠렛 홉(pellet hop)이다. 이를 진공포장한 후 냉장을 하면 장기보관과 운송이 쉬워 유통되고 있는 홉의 대부분을 차지하고 있다.

　운송 편의를 위한 다른 형태는 홉의 쓴맛과 향을 추출해 액상형태로 만든 농축액(extract hop)이다. 펠렛보다 부드러운 쓴맛을 내며 소규모양조장에서 많이 사용하는 형태이기도 하다.

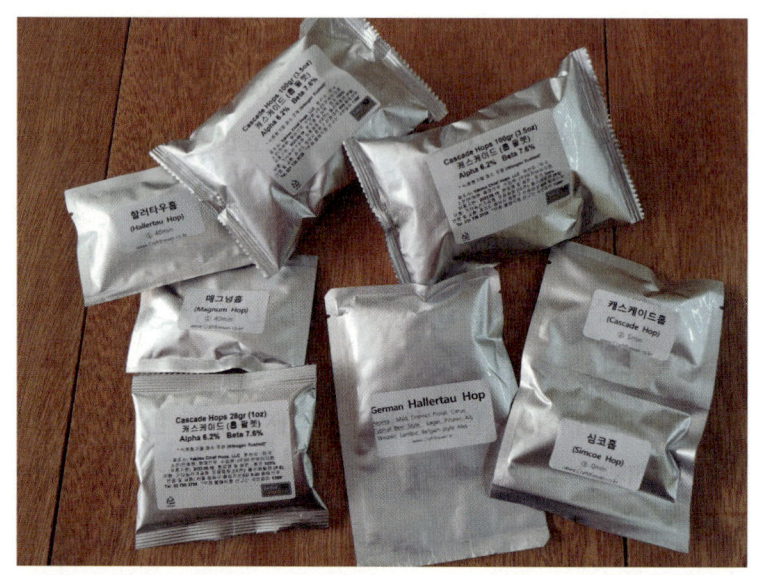

▲ 홉의 가장 많은 유통형태인 펠렛 홉(위쪽)과 생홉

리프홉(leaf hop 혹은 dried hop)은 건조해서 저장성을 높인 홉 형태이고 반대로 생홉(fresh hop 혹은 wet hop)은 수확한 그 상태로 가공하지 않은 홉이다. 싱싱한 상태의 홉이기 때문에 생홉을 사용하면 맥주에 신선한 홉 향을 그대로 담을 수 있다. 국내에서도 홉 생산이 많아지면서 일부 양조장에서는 홉 수확철에 한해 생홉을 사용하기도 한다.

홉의 성분 중 중요요소인 루플린 샘을 가루로 가공한 루플린 파우더(lupulin powder)는 다른 형태의 홉에 비해 훨씬 더 강한 아로마를 낼 수 있지만 가격이 비싸다는 단점이 있다. 맥주 스타일에 따라 홉의 향이 강조된 NEIPA(뉴잉글랜드스타일IPA) 양조에 많이 사용된다.

❻ 홉의 활용

전 세계적으로 홉의 종류는 200여 종 이상에 달한다. 독일과 미국이 홉의 주 생산국으로 전 세계 홉 생산량의 대부분을 차지하고 있다.

맥주에서는 하나의 홉으로만 양조하는 싱글홉 맥주도 있지만 대부분은 여러 가지 홉을 함께 사용한다. 때문에 양조자는 몇몇 품종의 홉과 양을 잘 계산하고 넣어야 원하는 아로마와 풍미를 만들어낼 수 있다.

어떤 홉을 어떤 스타일의 맥주에 사용하느냐는 문제는 간단하지 않다. 참고할 만한 것은 홉 포장지에 쓰여있는 알파 애시드 (Alpha Acid) 수치로 AA 혹은 AAU(Alpha Acid Units)로 표시를 한다. AA는 2~16 사이의 수치를 %로 표기를 하는데 홉 품종에 따라 각각 자신만의 수치를 가지고 있다. AA가 높을수록 쓴맛은 강하다.

홉의 생산지별로도 조금씩 다른 캐릭터를 가지고 있다. 유럽산 홉은 허브향과 흙냄새가 특징이고, 미국산 홉은 송진 향 외에 시트러스함과 열대과일 향을 지니고 있다. 흔히 신대륙 홉이라고 하는 호주와 뉴질랜드 산 홉은 시트러스 외에 멜론과 포도 향을 가지고 있는 것이 특징이다.

홉을 사용하는 방법은 크게 세 가지이다. 맥즙을 끓이는 보일링 단계에 홉을 넣거나 식히는 과정에 넣는 '월풀 호핑', 발효가 끝날 때쯤 넣는 '드라이 호핑' 방법이 있다.

3. 효모(Yeast)

맥주는 사람이 만드는 것이 아니다. 맥주는 효모가 만든다. 몰트에서 추출된 당에 효모를 뿌리면 효모가 당을 먹고 알코올과 CO_2를 만들어 낸다. 이것이 알코올발효 과정이다. 단적으로 이야기하자면 알코올은 효모가 생존하기 위해 당을 먹고 뱉어내는 부산물인 셈이다. 때문에 맛있는 맥주, 좋은 맥주를 만들 수 있다는 것은 효모의 생육을 내가 의도한 대로 관리를 할 수 있어야 한다는 말이기도 하다.

효모는 1680년 현미경을 발명한 네덜란드의 레벤후크(Leeuwenhoek)가 처음으로 관찰했다. 이후 1859년 루이 파스퇴르(Louis Pasteur)에 의해 술이 효모의 작용에 의해 발효된다는 사실을 발견했고 저온살균법을 고안해내면서 맥주 품질은 비약적으로 발전하게 되었다. 특히 라거효모를 분리해내면서 이때부터 깔끔한 맛의 라거맥주가 생산되면서 라거맥주의 전성기가 시작되었다.

❶ 효모의 역할

효모의 가장 큰 역할은 몰트에서 추출한 맥즙 내의 당을 먹고 알코올과 이산화탄소를 만들어 내는 것이다. 알코올발효를 일어나게 하는 것이 효모이므로 효모가 없이는 맥주를 만들 수가 없다.

효모는 맥주의 맛과 향에도 중요한 역할을 한다. 맥주 효모는 알코올과 이산화탄소를 만들어내면서 다른 여러 가지 성분들도 함께 만들어낸다. 그 중에서 에스테르는 맥주에 과일맛을 내게 해주고 페놀류는 맥주에 약간 스파이시한 향을 입혀준다. 하지만 디아세틸처럼 맥주에 좋지 않은 성분이 생겨나기도 한다. 효모는 이처럼 맥주에 여러 가지 맛을 내기도 하는 것이다.

헤페바이젠(독일식 밀맥주) 특유의 정향, 바나나 향은 효모에서 나오는 것이다. 때문에 이들 밀맥주를 만들 때는 향이 강하지 않은 오래된 홉을 사용해서 효모에서 나오는 향과 맛을 덮어버리지 않도록 조심한다.

❷ 맥주 효모의 종류

맥주를 만들 때 쓰이는 효모는 두 종류이다. 에일 효모(Saccharomyces Cerevisiae)와 라거 효모(Saccharomyces Pastorianus)이다.

두 종류의 효모는 발효온도부터 다르다. 에일 효모는 20℃ 전후(대체적으로 18~23℃)에서 발효를 일으키고 라거효모는 10℃ 초반대(대체적으로 10~13℃)에서 발효 된다. 흔히 말하는 에일 효모는 맥즙 위에 떠서 활동하는 상면발효이고 라거 효모는 맥즙 아래에서 활동하는 하면발효라고 하는 분류는 정확하지 않은 기준이다. 이는 고온에서 발효하면 발효가 표면에서 더 활발하게 일어나 보이고 저온에서 발효하면 표면적으로는 발효활동이 보이지 않기 때문이다.

에일 효모 중에서도 미국 효모, 벨기에 효모, 영국 효모 등 국가별로도 발효력과 특징에 따라 효모가 구분되며 맥주 스타일에 따라 바이젠 효모, 세종 효모 등으로 구분짓기도 한다.

또 맥주에서는 에일 효모나 라거 효모 외에 야생 효모도 이용한다. 공기 중의 야생효모를 채취한 뒤 배양하고 이를 이용해 발효시킨 맥주들이 람빅이나 아메리칸 와일드 에일이다.

규모가 큰 양조장에서는 자체적으로 효모를 배양해서 사용하지만 소규모양조장이나 홈브루어들은 효모 제조회사에서 유통시키고 있는 건조효모와 액상효모를 이용해 맥주를 만든다.

건조효모는 장기 보관이 가능할 만큼 수분을 제거한 효모이다. 건조하는 과정에서 활동성이 강한 튼튼한 효모만 살아남기 때문에 1년 이상 냉장보관이 가능하다. 작은 병이나 튜브 등에 포장된 채로 유통되는 액상효모는 물에 담긴 효모로 반드시 냉장보관해야 한다.

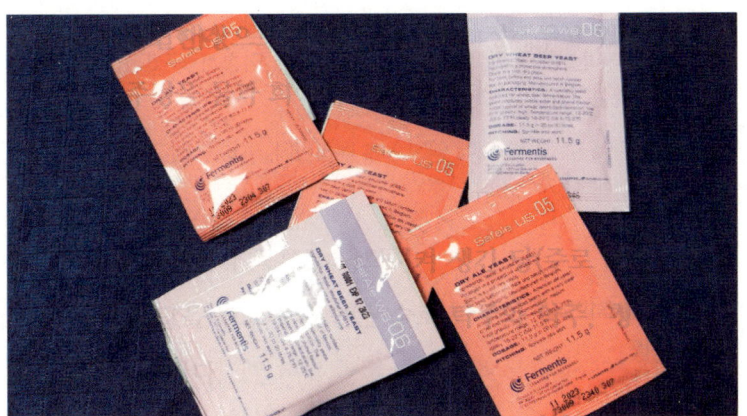

▲ 건조효모. 자가양조에서는 보관이 오래가는 건조효모를 주로 사용한다.

❸ 건조효모의 사용 방법

건조 효모는 발효통에 투입하기 전에 재수화 과정이 필요하다. 재수화(rehydration · 再水和)는 건조식품을 만들 때 없어진 수분을 보충해줌으로써 원래 상태에 가깝게 회복시키는 일이다.

물을 끓인 다음 식힌 온수(에일 효모는 25~30℃, 라거 효모는 21~25℃)에 30분 담그는 과정이다. 맥즙은 당도가 높다. 이런 환경에서는 삼투압 현상으로 효모의 절반 정도는 사멸한다고 한다.

건조효모의 재수화 방법은 다음과 같다.

❶ 소독한 용기(병이 좋다)에 끓여서 식힌 물 250㎖를 붓고 건조효모를 뿌려준 다음 랩을 씌운다. 공기 중의 산소에 노출되지 않게 주의한다.
❷ 효모를 뿌린 다음 저어주지 않고 15분 정도 지나면 효모가 물을 흡수한다.
❸ 15분이 지난 후 효모가 물에 흠뻑 젖어들도록 한번 살짝 저어준다.
❹ 랩을 씌우고 다시 15분 기다렸다가 효모가 바닥에 가라앉으면 사용한다. 아마 크림 비슷한 층이 바닥에 형성될 것이다. 이렇게 되었다면 효모의 재수화는 완성되었다고 보면 된다.
❺ 재수화 완료 후 30분 내에 맥아즙에 투입한다. 투입할 땐 가라앉은 효모가 고루 섞이게 잘 저어준다.

❹ 효모의 투입량

자가양조에서 효모의 투입량을 정확히 계산하기는 어렵다. 또 이 정도까지 전문적이어야 한다면 양조를 하는 즐거움보다 훨씬 더 스트레스가 많을 것이다.

자가양조에선 효모를 다루기엔 여간 까다로운 일이 아니다. 효모의 투입량이 적을수록 에스테르와 아로마 성분 등 발효의 특성이 더 많이 생겨난다. 에스테르는 효모가 생장하면서 생기는 대사 부산물이다. 경쟁이 적어 맥아즙에 함유된 자원이 풍부한 상태에서는 효모의 성장과 증식이 더 활발하기 때문에 에스테르 성분이 더 많이 생성되는 것이다. 물론 적정투입량이 있지만 한꺼번에 많이 들어가게 되면 맥주에서는 이러한 에스테르나 아로마 등 효모의 발효특성이 약하게 나타난다.

자가양조에선 대부분 재료를 구입하는 곳에서 판매하는 낱개로 포장된 건조효모(11.5g)를 사용하기에 투입량에 대한 고민은 할 필요가 없다. 건조효모는 다루기도 쉬울 뿐 아니라 보관하기도 쉽기 때문이다. 가끔 욕심을 내서 액상효모도 구입해서 사용하기도 하지만 이 역시 낱개 포장된 것을 구입하기에 투입량을 계산하지 않아도 된다. 자가양조, 특히 초보자의 입장에서 정확한 효모의 투입량까지 알 필요는 없다. 자세한 투입량은 상업양조를 할 때 어차피 따로 전문적으로 공부를 해나가야 할 일이다. 자가양조는 간편함이 생명이다. 건조효모이든, 액상효모이든 어차피 1회용으로 낱개로 포장된 효모를 구입해서 사용하면 된다.

4. 물

맥주 양조에서 물이 차지하는 비중은 의외로 크다. 전체 재료 중에서 양으로 따지면 물이 차지하는 비중은 95% 이상이기 때문이다. 우리나라 전통주를 보더라도 물이 좋은 곳에서 명주가 탄생하듯 일찍이 유럽에선 물이 좋은 곳에서 맥주산업이 발달했다. 좋은 물은 좋은 맥주의 기본이 된다.

물은 무색(無色), 무미(無味), 무취(無臭)가 좋은 물이다. 물의 색과 냄새는 맥주의 색깔과 향에 직접적인 영향을 미치기 때문이다. 물 맛도 마찬가지다. 다만, 소금기가 들어간 맥주인 고제(Gose)처럼 특별한 맛이 나는 물을 사용하기도 한다.

재미있는 맥주이야기

고제(Gose) 맥주는?
- 독일 중부 고슬라르(Goslar)와 라이프치히 지역에서 생산되는 맥주
- 맥주 이름인 고제는 고슬라르 시를 지나는 고제 강에서 비롯
- 고제 강의 상류 산악지역에 암염이 많아 강물에 염분이 포함됨
- 이 강물을 양조할 때 사용해서 맥주에서 짠맛이 남
- 요즘은 일부러 소금을 첨가하기도 함

당연한 이야기이지만 물 속 나트륨 이온의 함량이 높으면 짠맛, 황산염의 함량이 많으면 쓴맛, pH 수치가 8.5 이상이면 떫은맛이 난다.

맥주 양조에서 물을 이야기할 때는 pH(수소 이온 농도)가 중요하다. 맥주를 만들 때는 당화에 최적인 pH 5.2에 맞춰주는 것이 좋다. 우리나라 수돗물이 대략 pH 6.5 정도이기 때문에 양조장에

▲ 위쪽부터 리터구츠 오리지날 고제,
뽀햘라 오렌지 고제, 끽비어의 뮬 고제.

PART II 차근차근 배우는 맥주 이론 • 079

선 산도조절제 혹은 pH안정제를 사용해서 pH 수치를 맞춰준다.

물은 연수(단물)와 경수(센물)로도 구분한다. 연수는 미네랄(칼슘 및 마그네슘 이온)의 함량이 낮은 물로 부드럽다. 빗물과 증류수, 정화시설을 거친 수돗물 등이 대표적인 연수이다. 반면 샘물 또는 지하수는 대체적으로 미네랄성분이 많은 경수로 보면 된다.

경수로 맥주를 만들면 미네랄 성분이 다양한 화학작용을 일으켜 풍미가 부드러운 맥주가 나온다. 기네스 맥주 산지인 아일랜드의 더블린이 경수가 나는 대표적인 지역이다. 밝은 색 맥주 필스너 우르켈을 생산하는 체코 필젠은 연수가 나는 지역이다.

홈브루잉 단계에서 물을 사용할 때 제일 주의해야 할 사항은 수돗물을 소독하기 위해 들어간 염소(cl)다. 다행인 것은 염소는 끓이면 증발해버리기 때문에 맥주 품질에 큰 영향을 미치지는 않는다. 하지만 지역에 따라 수돗물에 들어가는 염소의 양이 많은 경우도 있기 때문에 자가양조를 할 때도 가능하면 정수기로 정수한 물이나 시판하는 생수를 구매해서 양조를 하는 것이 좋다.

중급 이상의 홈브루어라면 인터넷 사이트를 통해 쉽게 구입할 수 있는 첨가물을 활용하는 것도 좋은 방법이다. 우리나라의 물은 연수이기 때문에 경수에 적합한 맥주를 만들려고 할 땐 따로 염화칼슘이나 석고(Gypsum)를 넣어준다. 염화칼슘은 몰트의 성질을 강조한 맥주를 양조할 때 넣으면 몰트의 달달한 맛을 극대화시킬 수 있다. 또 IPA 등 홉의 특성을 강조하는 맥주를 양조할 땐 석고(Gypsum)를 넣어준다. 염화칼슘이나 석고는 20ℓ 한 배치를 양조할 때 1~2 티스푼(약 5g)만 넣어줘도 충분하다.

대형 양조장에선 물 관리를 아주 철저하게 한다. 물이 맥주 품질에 미치는 영향이 크기 때문이다. 특히 매번 균일한 맥주를 생산해내기 위해 물의 pH, 경도까지 자신들이 정해놓은 기준에 철저하게 맞춰 양조를 한다. 물은 맥주재료에서 양으로 따지면 대부분을 차지하기 때문이다.

05
맥주의 부재료 및 활용방법

부재료란 '어떠한 물건을 만드는데 들어가는 부수적인 재료'를 말한다. 맥주에서 이야기하는 부재료를 이해하려면 먼저 맥주를 만드는데 필수적인 재료가 무엇인지부터 알아야 한다. 맥주의 필수 재료는 맥아, 홉, 효모, 물 등 네 가지이다. 이들 네 가지 재료 외에 맥주에 들어가는 모든 것은 부재료라고 보면 된다.

부재료는 크게 두 종류로 나눌 수 있다. 부가물과 첨가물이다. 먼저 맥주를 양조할 때 몰트와 함께 넣거나 따로 넣어 당 성분을 보충하기 위해 넣는 재료는 부가물이다. 또 당을 보충하기 위한 목적은 아니지만 향(Aroma)이나 풍미(Flavor)를 위해서 넣는 재료들도 있는데 이를 첨가물이라고 한다.

1. 부가물(당 성분을 보충하기 위한 부재료)

부가물은 몰트 대신 당 성분을 보충하는 재료이기 때문에 탄수화물로 된 옥수수, 오트밀(귀리), 쌀, 호밀, 플레이크드 발리, 플레이크드 휘트 등 곡류가 많이 쓰인다. 곡류 외에는 벨기에 시럽, 꿀, 메이플 시럽, 당밀, 설탕과 당이 있는 과일도 부가물이 될 수 있다.

맥주 스타일에 따라 부가물은 필수 재료가 되기도 한다. 아니면 맥주의 맛을 좌우할 만큼 중요한 재료로 쓰이기도 한다.

❶ 맥주 강화제(Beer Enhancer)

맥주 강화제는 호핑이 되어있는 맥주 키트(hopped extract · 일명 캔으로 맥주만들기) 방식으로 맥주를 만들 때 사용한다. 19ℓ 용량의 맥주를 양조할 때 넣는 맥주 강화제는 말토덱스트린 250g + 드라이몰트 익스트렉트(DME) 250g + 덱스트로스(정제포도당) 500g을 섞어 만든다.

홉트 익스트렉트(일명 캔) 방식으로 맥주를 만들 때 설탕 1kg 대신 사용하면 비발효당인 말토덱스트린에 의해 바디감이 크게 증대된다.

또 발효당인 덱스트로스에 의해 알코올 도수를 높일 수도 있다. 끓이기 종료 15~10분 전에 투입한다.

[표 2-3] 맥주강화제의 성분

구분	성분	양
맥주 강화제 (Beer Enhancer)	말토덱스트린	250g
	드라이몰트 익스트랙트	250g
	덱스트로스(정제포도당)	500g

❷ 옥수수와 쌀

옥수수를 대량으로 재배하는 미국의 라이트 라거 맥주엔 옥수수를 많이 쓴다. 버드와이저와 밀러가 대표적이다. 쌀이 많이 나는 중국과 일본 등에서는 쌀을 부재료로 많이 넣는다. 칭따오와 아사히 슈퍼드라이 등의 맥주다. 옥수수는 베이스몰트와 함께 넣어 당화를 시켜야 한다.

이들 부재료는 맥주원가를 낮추기 위한 목적이 있다. 우리나라에서도 한때 남아도는 쌀을 활용하기 위해 맥주양조용으로 쓸 경우 양조장에 세제혜택 등을 주기도 했다.

쌀은 맥주에서 특별한 맛을 내지는 않고 옥수수처럼 좀 더 드라이한 맥주를 만들 수 있다.

❸ 오트밀(Flaked Oatmeal)

오트밀(귀리)은 맥주에 아주 부드러운 질감을 주는 부재료로 포터와 스타우트에 적합하다. 주로 맥주에 바디감을 주기 위한 용도로 쓰인다. 탁한 맥주, 특히 헤이지(hazy)한 뉴잉글랜드IP-

A(NEIPA)를 만들 때 넣어주면 좋다. 자체에 당화를 시켜주는 효소가 없기 때문에 굳이 파쇄하지는 않고 당화할 때 효소가 있는 보리맥아와 함께 넣어주면 된다. 20ℓ 한 배치(batch : 한 번에 양조하는 맥주의 양)에 대략 200~750g 정도를 넣는다.

❹ 플레이크드 발리(Flaked Barley)와 플레이크드 휘트(Flaked Wheat)

플레이크드 발리는 발아시키지 않은 보리이다. 맥주 거품의 유지력을 향상시키고 바디감을 높이기 위해 주로 스타우트에 사용한다. 19ℓ 배치에 225~450g을 당화할 때 베이스몰트와 함께 넣는다.

플레이크드 휘트는 몰트화하지 않은 밀로서 람빅과 윗비어에는 필수적으로 쓰이는 재료이다. 밀몰트보다 단백질이 많아 맥주에 텁텁한 느낌을 주지만 마우스필을 좋게 해준다. 람빅 혹은 윗비어에선 전체 전분질 원료의 50%까지도 넣는다. 역시 베이스몰트와 함께 당화를 시켜야 한다.

2. 첨가물(향이나 풍미를 위해 넣는 부재료)

첨가물은 맥주에 재미를 더해주는 재료로 보면 된다. 대체적으로 첨가물은 보일링 단계의 마지막 부분이나 드라이 호핑 방법으로 넣어준다. 가장 일반적으로 쓰이는 첨가물은 다음과 같다.

❶ 유당(Lactose)

밀크쉐이크 IPA나 밀크 스타우트, 스위트 스타우트에 주로 사용되는 첨가물이다. 비발효당으로 잔당으로 남아 맥주가 좀 더 달콤해지고 바디감도 좋아진다. 20ℓ 한 배치에 113~225g을 끓이기 단계(boiling) 끝나기 15~5분 전에 넣는다.

❷ 코리앤더씨(Corriander Seed)

레몬과 오렌지향 외에 특유의 스파이시한 향을 내는 코리앤더씨(고수 씨앗)는 가볍게 으깬 후에 끓이기 단계(boiling) 종료 1분 전에 28g을 투입한다. 비터 오렌지 껍질과 코리앤더씨는 함께 사용하는 경우가 많다. 대표적인 맥주가 벨기에 밀맥주인 '호가든'이다.

맥주에는 고수씨앗 외에 계피와 생강, 레몬그라스 등의 향신료가 많이 사용되고 있다. 이들 향신료들은 맥주에 복잡성을 더해주는 재료들이다.

▲ 코리앤더 씨드와 비터오렌지필

❸ 비터 오렌지 껍질(Bitter Orange Peel)

비터 오렌지 껍질은 끓이기 단계(boiling) 종료 15~5분 사이에 20ℓ 배치 기준 14g~28g을 넣는다.

많이 사용하지는 않지만 스위트 오렌지 껍질(Sweet Orange Peel)은 벨기에 맥주인 세종 등에 사용하기도 한다. 오렌지 껍질(Bitter와 Sweet)은 벨지안 에일, 벨지안 두벨, 윗비어, 아메리칸 윗비어에 사용된다.

오렌지 외에도 감귤류(자몽, 레몬, 라임)는 주로 껍질이 맥주재료로 쓰인다.

❹ 과일청

감귤류 껍질의 업그레이드 버전이다. 감귤류 껍질에 붙어 있는 흰색 속은 떫은 맛을 낸다. 이상한 쓴맛은 맥주에도 영향을 줄 수 있다. 최근엔 이런 감귤류 껍질이 설탕절임인 청으로 대체되고 있는 추세이다. 청은 껍질을 사용하는 것보다 더 순수하고 기분 좋은 맛을 낸다.

❺ 오크 칩(Oak Chips)

맥주에 배럴 에이징 풍미를 넣고 싶을 때 유용한 첨가물이다. 실제 홈브루잉 과정에서는 오크통을 구한 다음 맥주를 넣고 숙성시키기는 방법은 현실적으로 어렵다. 홈브루잉에서 배럴 에이징 풍미를 얻기 위해서는 오크 칩을 버번 위스키나 데킬라 등 증류주에 담근 후 냉장고에 넣어 1개월 정도 보관한 후 이 오크 칩을 꺼내 맥주 숙성을 시킬 때 넣어주는 방법을 쓰면 된다. 이런 방법으로 버번 배럴 포터 혹은 임페리얼 스타우트를 만들 수 있다. 오크 칩은 육수망이나 홉망, 스테인리스로 된 홉통에 넣어 2차 발효 때 투입해 준다.

❻ 카카오 닙스

카카오 닙스는 맥주에 깊고 풍부한 초콜릿 풍미를 더해 준다. 19ℓ 배치 사이즈에서 50~100g을 넣는다. 맥아즙을 끓이는 보일링 단계를 끝내고 불을 끄고 넣으면 된다. 월풀 호핑 혹은 홉스탠드라고도 한다. 초콜릿 밀트 스타우트에 주로 사용되는 첨가물이다.

❼ 커피

커피는 포터나 스타우트에 주로 사용된다. 맥주 재료로 커피를 사용할 때는 주의해야 할 점이 있다. 먼저 커피를 넣을 때는 많이 끓이지 않는다는 것이다. 방법은 냉침출을 하면 된다. 찬물에 분쇄한 커피를 넣고 냉장고에 넣어 두었다가 24시간 후에 사용한다. 커피와 물의 비율은 커피 28g(1온스)을 240㎖의 찬물에 담그는 비율이다. 커피를 투입하는 시기는 발효가 끝난 다음 병입하기 전이다.

갈아놓은 커피원두를 그대로 넣기도 한다. 이때는 보일링 끝나기 1~2분 전에 넣는 것이 좋다.

때론 아주 간단하게 시중에서 판매하고 있는 더치커피를 넣을 수도 있다. 이때는 투입량이 중요하다. 자칫 욕심을 내 투입량이 과하면 맥주를 마시기에 부담스럽다. 적정량은 20ℓ 한 배치에 150㎖ 정도이며 투입시기는 1차 발효가 끝나고 병입하기 직전이 좋다.

커피의 오일 성분으로 인해 쉽게 산화되는 수가 있기 때문에 커피 맥주는 숙성보다 가능하면 빨리 마시는 게 좋다.

❽ 바닐라 빈

스타우트 계열, 특히 바닐라스타우트를 만들 때 사용한다. 가운데를 갈라서 잘게 부순 다음 사용한다.

바닐라 빈은 버번이나 럼에 푹 담갔다가 투입하기도 한다. 바닐라 빈을 쪼갠 후 180㎖ 정도의 버번이나 럼에 담가 두고 2차 발효 때 넣는다. 병입하기 전에 1개월 정도 숙성시키면 더욱 풍미가 깊어진다.

❾ 귀리 또는 쌀겨

라우터링과 스파징 단계에서 당화조 안의 스크린이 몰트찌꺼기 때문에 막혀 어려움을 겪는 경우가 많다. 특히 밀몰트가 들어간 맥주를 양조할 땐 더 심하다. 귀리나 쌀겨는 당화조에서 맥즙을 따라 낼 때 맥즙의 흐름을 원활하게 해주는 역할을 한다. 곡물의 껍질이기 때문에 많이 사용할 경우엔 맥주에서 떫은 맛이 날 수도 있다.

❿ 체리와 라즈베리 외 기타

체리와 라즈베리는 사우어 에일에 주로 많이 사용되는 부가물이다. 체리는 람빅(Lambic)의 쿰쿰한 맛을 줄여주기 위해 많이 사용되기도 한다.

그 외 맥주에 넣는 첨가물은 너무 다양해서 일일이 열거하기 어려울 정도다. 꿀, 커피, 초콜릿 등 다양하다.

06 맥주 첨가제

맥주에도 맛을 안정화시키기 위해 다양한 첨가제를 사용한다. 물론 자가양조에서도 사용가능하며 인터넷 재료판매 사이트에서 적은 양으로도 구입할 수 있다.

해조류의 일종인 아이리쉬 모스(irish moss)는 맥주를 맑게 하는 청징제이다. 여기에 들어 있는 캐러진(carrageen)이라는 성분은 음전하를 띠고 있는데 단백질의 양전하를 만나 전기적으로 결합하고 있다가 칠링시 가라앉는다. 아이리쉬 모스가 없다면 같은 해조류의 일종인 김(조미김 말고 날김)으로도 같은 효과를 볼 수 있다.

월플럭(Whirlfloc)도 맥즙 청징제이다. 완전곡물로 양조할 때 보일링 마지막 10분에 반 개~한 개(20ℓ 배치 기준)를 넣어준다.

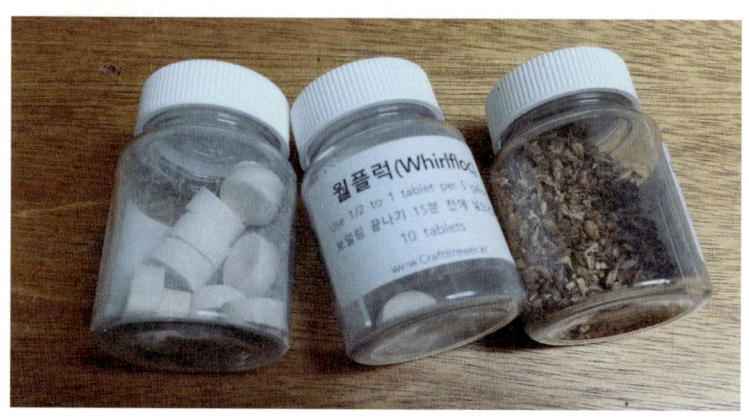
▲ 맥즙 청징제인 월플럭(왼쪽)과 아이리쉬 모스

pH 조절제(FIVE STAR 5.2 pH STABILIZER)는 당화에 최적의 pH인 5.2로 만들어주는 역할을 한다. pH가 높아지면 탄닌 성분이 뜨거운 물에 녹아 떫은 맛의 맥주가 나올 수 있다. 20ℓ 한배치 양조시에 처음 당화할 때 1테이블스푼을 넣는다. (흑맥아가 들어가면 그 자체로 pH가 낮아지므로 이때는 넣지 않아도 됨).

pH가 낮으면 탄산칼슘을 넣어 pH를 올리고, 높으면 석고를 넣어 내려준다. pH 조정을 잘못하면 단백질 과잉분해로 과도한 거품이 생긴다. 하지만, 홈브루잉 단계에서는 크게 신경 쓸 일은 아니다.

석고(Gypsum)는 물의 경도를 높이고 pH를 낮추는 효과를 낸다. IPA 등 홉 특성을 강조하는 맥주 양조시에 첨가하면 효과적이다. 1갤런(=3.78리터)의 물에 1그램 정도로 사용한다.

효모영양제-인산암모늄(Yeast Nutrient, DAP)는 효모의 영양원으로서 질소를 공급해준다. 5갤론(19ℓ)에 1/2 티스푼을 넣는다.

젤라틴(Gelatine)은 완성된 맥주가 맑지 않거나, 빨리 맑게 만들고 싶을 때 사용한다. 끓인 물 200cc를 76℃까지 식힌 후 젤라틴 1티스푼을 녹이고 맥주에 넣으면 된다. 이후 48시간 흔들리지 않게 냉각 보관한다.

07 자가양조 용어 및 약어

맥주 양조와 관련된 용어는 대부분 외국어로 되어 있다. 초보 홈브루어들은 특히 익숙하지 않은 용어 때문에 어려워하는 경우가 많다. 영어 표현의 첫 알파벳을 따온 약어도 혼란스럽기는 마찬가지. 그래도 어쩌랴. 이왕 맥주를 배우려했으니 최소한 이 정도는 알고 있어야 맥주를 알 수 있다.

1. 자가양조 용어

- **밀링**(Milling)
  곡물파쇄. 당화를 쉽게 하기 위해 몰트를 일정 수준으로 으깨주는 과정이다.

• **당화**(Mashing)

몰트에서 당 성분을 추출해내는 과정이다. 몰트를 일정한 온도의 물속에 담가 당을 추출해낸다.

• **라우터링**(Lautering)

맥즙 여과 단계이다. '정화하다'라는 의미의 독일어로 당화가 끝난 후 맥즙의 탁한 불순물을 걸러주는 과정이다. 가라앉아 있는 곡물층을 필터로 활용해서 맥즙을 추출하고 추출한 맥즙을 곡물층 위에 다시 부어주고, 다시 추출하는 과정을 반복한다. 이를 재순환이라는 의미의 리서큘레이트(Recirculate), 혹은 볼라우프(Vorlauf, 독일어)라고 한다.

• **매시/라우터 턴**(Mash/Lauter tun)

당화조. 당화와 라우터링을 하기 위해 사용하는 큰 용기.

• **스파징**(Sparging)

라우터링이 끝난 후 추출해낸 맥즙은 보일링 용기에 옮겨 담는다. 이후 몰트는 여전히 약간의 당분을 머금고 있기 때문에 남아있는 당분을 모두 회수하기 위해 새로운 물을 부어 씻어내는 헹굼 과정이 스파징이다.

• 보일링(Boiling)

맥즙을 끓이는 단계이다. 보통 1시간을 끓이면서 홉을 투입한다.

• 칠링(Chilling)

맥즙 식히기. 1시간 동안 팔팔 끓인 맥즙을 효모가 활동할 수 있는 온도로 식혀주는 단계이다.

• 에어레이션(Airation)

식힌 맥즙을 발효조에 옮겨 담은 후 산소를 공급해주는 단계. 1시간 끓이는 동안 맥즙 속의 산소는 다 빠져나가버렸다. 산소가 풍부해야 효모가 증식을 할 수 있다.

• 피칭(Pitching)

발효조에 옮겨담은 맥즙에 효모를 뿌려 접종하는 것.

• 병입(Bottling)

발효가 끝난 맥주를 유통, 보관하거나 마시기 쉽게 하기 위해 맥주병이나 케그 등에 옮겨 담는 과정이다.

- **프라이밍 설탕(Priming Sugar)**

  맥주를 병입할 때 탄산화를 위해 넣는 설탕. 효모가 이 당분을 먹고 2차발효를 일으키며 이산화탄소를 만들어낸다.

- **헤드(Head)**

  맥주 거품. 맥주 스타일에 따라 헤드의 풍성함과 느낌이 다르다.

- **마우스필(Mouth Feel)**

  맥주를 한모금 입안에 머금었을 때 느껴지는 감각. 바디감이나 탄산감 등이다.

- **청징제**

  아이리쉬 모스(Irish Moss)나 월플럭(Whirlfloc)처럼 맥주를 맑게 해주는 첨가물이다. 맥즙내의 단백질과 베타글루칸 등 맥주를 탁하게 만드는 성분들을 뭉쳐 가라앉힌다.

- **크라우젠(Krausen)**

  발효조 안에서 발효가 일어날 때 맥즙 위쪽에 형성되어 있는 끈적하면서 풍부한 거품층이다. 단백질과 효모로 이루어진 거품이라 발효가 잘 되고 있다는 표시로 보면 된다.

- 알코올 발효(Fermentation)

  발효의 원 뜻은 미생물의 작용으로 유기물이 분해되는 현상이다. 효소의 작용으로 몰트에서 당 성분을 추출해놓으면 효모가 이 당을 먹고 알코올과 이산화탄소를 만들어내는 과정이다.

- 배치 사이즈(Batch Size)

  한 번에 만드는 맥주의 양

- 드라이 호핑(Dry Hopping)

  발효가 진행되어 거의 끝나갈 즈음이나 숙성 단계에서 홉을 추가하는 공정이다. 홉의 아로마를 가장 잘 끌어내는 방법 중 하나이다.

2. 자가양조 약어

- **BIAB : Brew-In-A-Bag**

  몰트를 망 안에 넣어서 당화시키는 양조 방법이다. 당화할 때 라우터링(여과)과 스파징(헹굼) 시간을 줄이는 장점이 있다. 다만, 이 방법으로 당화를 할 땐 효율을 위해 몰트를 10% 정도 더 넣어줘야 한다.

- **AA : Alpha Acids. 알파 애시드**

  홉의 쓴맛을 내는 성분. %로 표시하며 2~16% 사이에서 범위를 나타낸다. AAU(Alpha Acid Unit)로도 표시한다.

- **ABV : Alcohol by Volume**

  맥주의 알코올 도수.

- **SRM : Standard Reference Method**

  맥주의 색깔을 나타내는 단위. 1~40까지의 숫자 중에서 높을수록 색깔이 짙다.

- **IBU : Internation Bitterness Units**

  맥주의 쓴맛의 정도를 나타내는 단위. 숫자가 높을수록 쓴맛이 강하다.

- **OG : Original Gravity**

  초기비중. 발효 전의 비중이다.

- **FG : Final Gravity**

  최종비중. 발효가 끝난 뒤의 비중. 에일 맥주의 경우 발효가 시작되고 5~6일 후 비중을 체크하고 24시간 후 다시 비중을 체크해서 변동이 없으면 발효가 끝난 것으로 보면 된다.

- °L : Lovibond

  몰트의 색깔을 나타내는 단위. 어두운 색깔의 몰트일수록 수치가 높다.

- DME : Dry Malt Extract

  분말형태 몰트추출물

- LME : Liquid Malt Extract

  액상형태 몰트추출물

PART III

차근차근
맥주 만들기

- 01 자가양조 필요 장비
- 02 완전곡물로 맥주 만들기
- 03 완전곡물 외 다양한 자가양조 방법
- 04 몰트추출물이란?
- 05 부분곡물 방식으로 맥주 만들기
- 06 몰트추출물+홉을 활용한 맥주 만들기
- 07 몰트추출물 만을 활용한 맥주 만들기(Hopped Extract)
- 08 자가양조 실패 원인과 해결책
- 09 자가양조에서 맥주 맛을 결정짓는 요인들
- 10 자주 하는 질문과 답변

맥주를 만들려면 대단한 장비가 필요하다? 아니다. 아주 간단한 장비만으로도 맥주 만들기는 가능하다.

대개 초보자들의 경우 맥주를 만드는 일을 망설이는 이유 중의 하나가 장비 및 설비 문제이다. 요즘은 등산이든, 자전거 라이딩이든 처음 시작하려면 만만찮은 돈이 들어간다. 자가양조도 마찬가지일 것이라고 짐작하는 것이다.

하지만 생각보다 큰 돈 들이지 않고도 자가양조에 입문할 수 있다. 필요한 장비만 갖추면 되기 때문이다. 특히 맥주는 아주 다양한 방법으로 만들 수 있다. 때문에 처음 입문할 때는 많은 장비를 들일 필요가 없는 간단한 방법으로 양조를 시작해 점차 장비를 구입해가면서 양조방법을 하나씩 익혀 나가는 것도 괜찮은 방법이다.

장비를 갖추더라도 아파트 등 공동주택에서 맥주를 양조하기엔 부적합하다. 오랜 시간 물을 끓여야하고 또 20ℓ 정도의 물을 끓일 수 있는 화구도 필요해서다.

가장 좋은 방법은 맥주공방을 이용하는 것이다. 기본적인 양조 지식을 익힌 후 집 근처의 맥주공방을 찾아 그곳에 있는 장비를 활용해 나만의 맥주를 만들어 보는 것이다. 필요한 장비를 갖추고 있을 뿐 아니라 필요로 하는 재료들도 있고 또 무엇보다 양조 과정에서 도움이 필요할 땐 바로 조언을 구할 수 있다는 점도 큰 장점이 된다.

만약 사무실 한 쪽의 작은 공간이나 아니면 맥주양조를 할 만한 화구와 수도설비를 갖춘 공간이 있다면 최소한의 장비로도 훌륭한 나만의 양조장을 만들 수 있다.

01
자가양조 필요 장비

    다음은 처음으로 수제맥주를 만들고자 할 때 필요한 최소한의 장비들이다. 인터넷 판매 사이트에 따라 양조도구 키트로 묶어서 판매하기도 한다. 발효조처럼 부피단위로 크기를 표시하는 경우 갤런 등 미국식 계량 단위 때문에 혼란을 겪을 수 있다. 하지만 1갤런=3.78ℓ로 미터법 단위로 변환하면 된다.

    자가양조에 필요한 장비는 다음과 같다. 편의상 양조 장비와 발효 장비, 측정 장비, 소독 장비로 나누었다.

1. 양조 장비

• **당화조**(Mash/Lauter Tun)

몰트 당화와 라우터링(여과), 스파징(헹굼) 과정을 편하게 할 수 있도록 만들어 놓은 찜통이다. 온도계가 장착되어 있어 물 혹은 맥즙의 온도를 바로 확인할 수 있고 밸브형 수도꼭지가 있어 편하다.

통 안쪽에는 바주카 스크린(곡물 찌꺼기를 걸러주는 망) 탈부착이 가능하도록 되어 있고 이를 제거하면 끓임조로도 사용할 수 있다.

▲ 38ℓ(10갤런) 용량의 당화조

▲ 바주카 스크린이 장착된 내부

    스테인리스 재질로 된 제품이 사용과 관리가 더 편하며 20ℓ 배치사이즈를 고려한다면 당화조 용량은 38ℓ(10갤런)가 되어야 한다.

    완전곡물로 양조한다면 당화조가 있어야 당화와 라우터링-스파징 과정을 편하게 할 수 있다. 만약 BIAB(Brew In A Bag · 한망양조) 방식의 양조나 부분곡물, 몰트추출물을 활용한 양조라면 굳이 당화조가 없어도 큰 불편없이 맥주를 만들 수는 있다. 구입할 때는 바주카 스크린이 포함되어있는지 확인한다.

- 끓임조

    당화조가 있더라도 끓임조(스테인리스 통 · 흔히 찜통이라고 부른다)는 2개 이상 준비해둬야 한다. 당화를 하는 동안 스파징용 물을 따로 데워야하기 때문이다. 끓임조 용기도 38ℓ(10갤런)와 20ℓ(5갤런) 하나씩 준비한다. 업소용 주방기기를 판매하는 곳에서 구입할 수 있다.

▲ 끓임조로 쓰이는 스테인리스 찜통

• 당화용 온도계

흔히 사용하는 유리막대 형태로 된 온도계는 너무 잘 깨지기 때문에 자가양조 장비로는 적절하지 않다. 대신 당화용 온도계(사진)는 30㎝ 길이로 길고 고정시킬 수 있는 클립이 있어 당화할 때 편리하다.

▲ 당화용 온도계

• 곡물망

　완전곡물 양조에서 당화를 할 때 곡물을 큰 망 안에 넣어서 하는 BIAB(Brew In A Bag · 한망양조) 방법에 주로 쓰이는 망이다. 부분곡물 방식, 특히 스티핑(Steeping) 방식으로 양조를 할 때 특수곡물을 우려내기 위한 용도로도 곡물망을 사용한다. 재질은 모슬린 혹은 나일론이며 크기는 클수록 사용하기에 편하다. 새제품은 끓는물에 5분 정도 삶는 것이 좋다.

▲ 곡물망

• **플라스틱 계량컵**

물 양과 맥즙의 양을 잴 때 필요하다. 눈금 표시가 되어있는 2ℓ짜리 외에 5ℓ짜리가 있어야 편하다.

• **온수 히터**

흔히 돼지꼬리 히터라고 부르는 장비이다. 가정용 가스설비나 전기로 물 혹은 맥즙을 끓이려면 답답할 정도로 시간이 오래 걸린다. 특히 20리터 용량의 맥주를 만들려면 인내심이 필요할 정도다. 이럴 때 온수 히터가 있으면 단시간에 물이나 맥즙을 끓일 수 있어 편하다.

- **기타**

　몰트 분쇄에 필요한 롤러 밀은 크게 필요하지 않다. 대신 몰트를 주문할 때 옵션사항에 '몰트분쇄'를 선택해서 분쇄해놓은 몰트를 주문하는 것이 훨씬 편하게 양조하는 방법이다.

　끓인 맥즙을 빠르게 식힐 때 필요한 워트 칠러는 20ℓ 양조할 때는 필요한 장비이다. 맥즙을 끓이는 단계가 끝나기 5분 전 쯤 칠러를 끓고 있는 맥즙 속에 담가 소독을 한 후 사용한다. 10ℓ 배치사이즈는 냉동실에 얼려놓은 물이나 아이스팩을 미리 받아놓은 물에 담가 온도를 낮춘 후 끓임조를 넣어 식힐 수도 있다.

2. 발효 장비

- **발효조**

　발효조는 넉넉한 크기로 준비해야 한다. 맥즙을 발효조에 넣었을 때 여유 공간이 있어야 한다는 말이다. 그래야 효모가 발효조 안의 산소로 증식을 할 수 있고, 효모 증식이 잘 이뤄져야 알코올발효도 활발하게 일어나기 때문이다. 홈브루잉에서 배치사이즈(한 번에 양조할 수 있는 양)는 19ℓ(5갤런)이거나 20ℓ인 경우가 많다. 매번 10ℓ의 맥주만 만들 게 아니라 20ℓ 배치사이즈로 맥주를 양조할 계획이라면 발효조의 크기는 38ℓ 크기로

장만해야 한다. 10ℓ 배치사이즈라면 발효조는 16ℓ 정도의 크기로도 가능하다.

발효조는 식품제조용으로 사용되는 플라스틱 통을 주로 사용한다. 다만, 용기 바깥쪽에 리터 용량표기가 되어있어야 사용하기에 편리하다. 투명한 카보이 병을 사용하기도 하는데 발효 과정을 눈으로 확인할 수 있다는 장점이 있다. 카보이 병은 고무마개를 사용하는데 에어락을 장착할 수 있게 구멍이 뚫려 있어야 한다.

▲ 플라스틱 발효조. 에어락과 수도꼭지를 포함해 세트로 구입해야 한다.

발효조를 구입할 때는 물꼭지(수도꼭지)와 에어락이 포함되어있는지를 확인하고 아니면 이들을 따로 구입해서 장착해야 한다.

또 뚜껑은 외부공기와의 접촉을 차단하기 위해 꽉 닫혀 있기 때문에 발효조 오프너가 꼭 필요하다.

• 3피스 에어락

에어락은 발효조 내부로 외부공기가 유입되지 않도록 차단시켜 주는 역할을 한다. 홈브루잉에서는 주로 세 부분으로 분리가 가능해서 세척하기 간편한 3피스 에어락을 주로 사용한다. 에어락을 발효조 뚜껑에 꽂을 수 있도록 밀폐링도 함께 사용하는데 밀폐링은 쉽게 파손되기 때문에 여분을 넉넉하게 준비해두는 게 좋다.

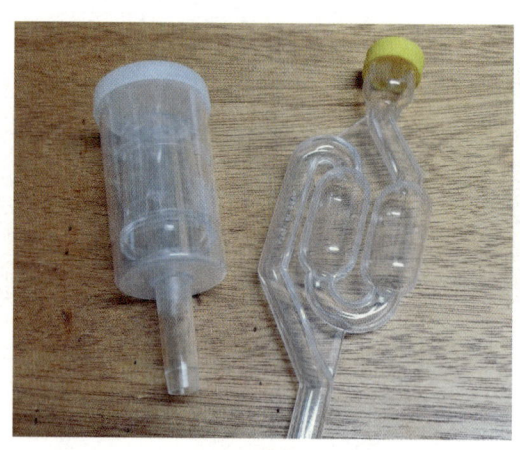

▲ 에어락

에어락 내부에는 물 혹은 알코올 도수가 있는 소주 등을 채워 외부 공기의 유입을 막는다. 발효조 뚜껑을 여닫는 과정이나 발효조 내부의 압력이 낮아지면 에어락 내부의 액체가 발효조 안으로 빨려들어가 수 있다는 점을 생각하고 있어야 한다. 그렇기 때문에 에어락 내부에는 생수 혹은 소독 목적의 에탄올 등으로 채우는 것이 좋다.

• 물꼭지

물꼭지는 발효조에 뚫려있는 구멍에 따라 17㎜와 25㎜용이 따로 있기 때문에 크기에 맞는 제품을 구해야 한다. 발효조를 처음 구입하면 에어락과 함께 세트로 딸려오는 경우가 많다. 구입할 때 미리 확인이 필요하다.

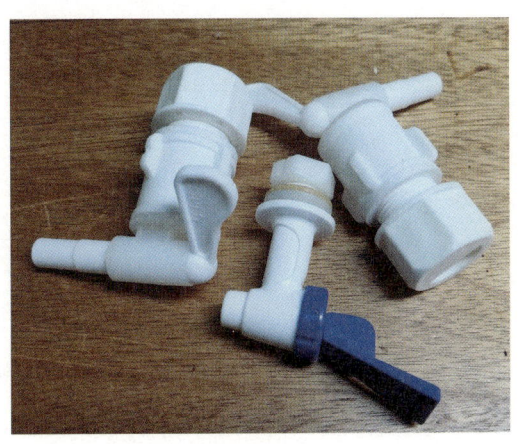

▲ 물꼭지

• 내압 플라스틱 병

　에일 맥주의 경우 발효조 안에서 7일 정도의 1차 발효가 끝나면 병입을 하고 그 상태에서 2차 발효를 한다. 2차 발효는 주목적이 탄산화에 있기 때문에 유리병은 이산화탄소가 생성되면서 압력으로 깨질 우려가 있다. 유리병은 반드시 내압유리병을 사용해야 하고 플라스틱 병도 내압플라스틱 병에 담아 2차 발효를 시킨다.

3. 측정 장비

• 전자저울

　홉의 양을 측정할 때는 7g, 14g 등 g단위를, 몰트의 양을 측정할 때는 kg단위를 재야한다. 때문에 전자저울 측정범위는 1g에서 3kg까지가 적절하다. 만약 측정범위가 1kg까지의 저울이라면 몰트를 계량할 때 엄청 불편할 수밖에 없다.

• 트리플 비중계

　비중계는 알코올도수를 계산할 때 필요하다. 발효하기 전의 초기비중과 발효가 끝난 후 최종비중의 차이를 측정해서 알코올도수를 계산해낸다. 비중 측정 범위는 0.990~1.160으로 고도수 및 저도수 모두 측정 가능하다.

● **비중 측정용 실린더**

트리플 비중계에 맞는 실린더의 크기는 200㎖이다. 비중계와 실린더는 각각 따로 구입해야 한다. 트리플 비중계가 아닌 일반형 비중계는 50㎖ 실린더를 사용한다.

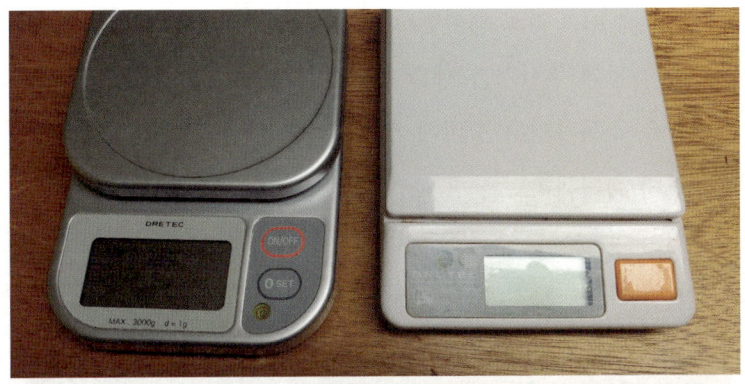

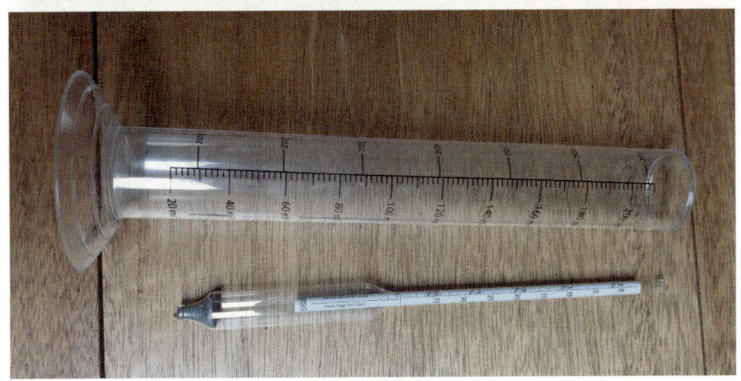

▲ 전자저울(위쪽)과 트리플 비중계, 비중 측정용 실린더

4. 소독 장비

• 소독액

　스타 산(Star San)은 노 린스(no rinse) 제품이다. 희석액을 장비나 도구에 뿌린 후 물로 따로 헹궈내지 않아도 되기 때문에 편리하다.

　물에 희석해서 사용하며 물 1ℓ : 스타산 1.55㎖ 비율(물 : 스타산 = 640 : 1)로 희석한다. 워낙 적은 양의 스타산을 넣어야 하기 때문에 주사기를 사용해서 계량하면 편하다. 분무기로 희석액을 소독하려는 장비에 뿌린 후 희석액을 털어내거나 자연스럽게 흘러내리도록 한 후 사용하면 된다. 무향, 무취여서 맥주의 맛과 향에는 영향이 없다.

　맥주양조에선 스타산 외에 요오드(Iodine), 식용알코올 70% 등을 소독액으로 사용하기도 한다. 요오드 희석비율은 스타산과 같고 이 역시 헹구지 않아도 된다. 식용알코올 70%는 물에 희석하지 않고 바로 사용하면 된다.

• 분무기

　희석해놓은 소독액을 담아 소독해야 할 도구에 뿌려주는 용도이다. 일반 가정에 있는 분무기를 사용하면 된다. 주의할 점은 분무기 표면에 반드시 '맥주양조용 소독액'이라고 표시를 해주는 것이다.

[표 3-1] 홈브루잉 필요 장비

구분	장비 목록
양조 장비	당화조, 당화용 온도계, 곡물망, 계량컵, 워트 칠러
발효 장비	발효조, 에어락, 물꼭지, 뚜껑 오프너, 내압 페트병
측정 장비	전자저울, 트리플 비중계, 비중 측정용 실린더
소독 장비	스타산 혹은 요오드 소독제, 분무기

02
완전곡물로 맥주 만들기

 자가양조는 몰트추출물만을 사용해서 맥주를 만들거나 아니면 일부 특수몰트와 몰트추출물을 함께 판매하는 키트를 사용하는 방법이 간편해서 좋다. 물론 자가양조에 좀 더 익숙해지면 직접 몰트와 홉, 효모 등의 재료를 각각 따로 구입해서 당화과정부터 차근차근 만들어가는 재미를 맛볼 수도 있다. 자가양조에도 이처럼 다양한 방법이 있으며 나에게 맞는 방법을 찾아 양조를 하면 된다.

 완전곡물로 맥주를 만드는 방법은 맥주재료 판매 사이트를 방문해서 맥주스타일별로 분류해놓은 키트상품을 구입해서 양조를 할 수도 있고 나만의 레시피에 따라 각 재료를 따로 구입해서 맥주를 만들 수도 있다. 어떤 방법이든 완전곡물로 맥주를 만드는 방법은 자가양조에서도 고급 과정이니만큼 신경을 써야 할 부분이 많다. 맥주 품질에 영향을 미치는 요인들이 군데군데 많다는 말이다.

완전곡물 방식은 소규모 맥주 양조장에서도 이와 비슷한 과정을 거쳐 맥주를 만든다. 이 양조방법으로 맥주를 만드는 과정을 익혀 놓으면 다른 방법은 쉽게 만들 수 있기 때문에 가장 중요한 방법이기도 하다. 다음은 완전곡물로 만드는 맥주 양조 공정이다.

0. 사전 준비

본격 양조에 앞서 레시피를 다시 한 번 숙지하고 장비와 재료 준비가 제대로 되어있는지를 점검하는 단계이다.

완전곡물 양조는 대부분 배치사이즈가 19ℓ(5갤런) 아니면 20ℓ이다. 따라서 20ℓ 양조를 할 경우 맥즙은 끓이는 한 시간 동안 증발될 양을 감안해서 24ℓ로 시작해야 한다. 또 거품이 형성되기도 하고 홉을 넣을 경우 끓어 넘칠 수도 있으므로 여분을 감안한 충분한 크기의 끓임조(찜통)가 필요하다. 20ℓ 배치사이즈일 때 38ℓ(10갤런) 용량의 끓임조를 사용하는 것이 좋다.

곡물 파쇄(Milling) 여부도 미리 점검한다. 재료 판매 사이트에 따라 기본적으로 곡물을 파쇄해서 보내 주는 곳도 있고 몰트를 주문할 때 별도 비용을 지불하고 파쇄해달라고 요청해야 하는 곳도 있다. 이럴 경우 종종 옵션 항목에 '곡물 파쇄'를 체크하지 않아 배송을 받고 나서 당황하는 경우도 일어난다.

고급 수준의 자가양조가 아니라면 미리 파쇄해서 보내주는 곡물을 사용하는 것이 편하다. 특히 몰트 껍질엔 탄닌 성분을 함유하고 있어 직접 파쇄하는 경우 너무 곱게 파쇄해서 맥주의 맛이 떨어지는 경우도 있으므로 주의해야 한다. 너무 많이 파쇄를 하면 라우터링과 스파징을 할 때도 워트(맥즙)가 잘 빠지지 않아 곤란을 겪기도 한다. 반면 거칠게 파쇄하면 당화가 잘 되지 않는 문제점이 있다.

▲ 양조를 시작하기 전에 모든 재료들이 제대로 준비가 되었는지 꼭 확인해야 한다.

1. 장비 세척 및 소독

자가양조에서 세척과 소독이 차지하는 비중은 90% 이상이다. 그만큼 맥주 양조의 성패를 좌우하는 가장 중요한 요소이다. 양조장비를 꼼꼼하게 세척한 후 깨끗한 물로 헹군다. 특히 맥즙을 끓인 후부터는 더욱 철저하게 소독을 해야 하기 때문에 식힐 때 사용하는 주걱과 발효조 등을 희석한 소독액을 넣은 분무기로 고루 뿌려주며 즉석에서 소독해주면 된다.

소독 후에는 헹구는 과정 없이(no rinse) 사용할 수 있는 제품이어야 번거롭지 않다. 스타산(starsan)과 요오드(Iodine), 식용알코올 70% 등을 많이 사용한다. 스타산과 요오드는 물 1ℓ : 소독액 1.55㎖ 비율(물 : 스타산 = 640 : 1)로 희석한다.

2. 당화(Mashing)

❶ 당화란?

당화는 몰트 내에 포함되어 있는 효소인 아밀레이스를 활성화시켜 전분을 당으로 바꿔주는 과정으로 맥주 양조에서 핵심단계이다. 양조장에선 주로 담금과정이라고 하며 때로는 번역하지 않고 영어 그대로 매싱(Mashing)이라고도 한다. 맥주의 전단계인 맥즙(Wort)을 만드는 과정으로 몰트를 65~68℃의 뜨거운 물에 60분~90분 담가 당분을 추출해낸다. 이때 당분 뿐 아니라 몰트의 색상과 독특한 풍미까지 추출해내어 맥주의 맛을 결정하게 된다.

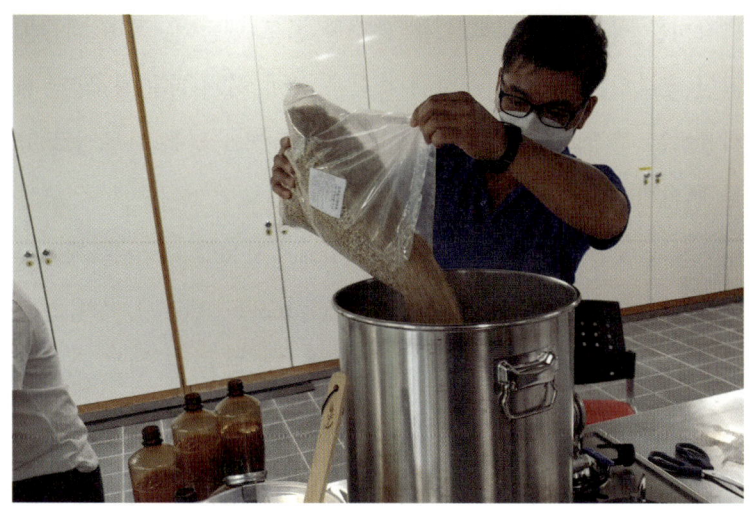

▲ 당화를 위해 몰트를 뜨거운 물에 담그고 있다.

❷ 프로틴 레스트(Protein Rest)

50℃ 정도의 당화조 물에 몰트를 넣어 20분 정도 유지를 시키면서 단백질을 분해하는 과정이다. 하지만 요즘은 몰트 가공기술이 발달해서 굳이 프로틴 레스트를 할 필요가 없고 오히려 거품 유지력만 떨어뜨린다며 실효성이 없다는 쪽으로 무게가 쏠리는 편이다. 자가양조에서도 잘 사용하지 않는 방법이다.

❸ 당화 온도

 당화할 때는 온도가 발효에 큰 영향을 끼친다. 몰트의 주성분인 탄수화물을 분해하는 효소로는 베타 아밀레이스와 알파 아밀레이스가 있다. 이 두가지 효소는 활동온도에서 조금씩 차이가 난다.

 64.5~67℃에서 당화를 시키면 베타 아밀레이스가 활성화되면서 주로 말토스(Maltose)라는 이당류를 추출해낸다. 말토스는 맥주 효모가 먹을 수 있는 발효당으로 효모가 이를 섭취하고 발효를 일으키며 알코올을 만들어낸다. 때문에 드라이하고 라이트한 맥주를 만들 수 있다. 반면, 68~70℃에서 당화가 이루어지면 알파 아밀레이스가 활성화되고 말토스 외에 말토트리오스(Maltotriose), 글루코스(Glucose), 덱스트린(Dextrine)을 생성해낸다. 특히 덱스트린은 다당류로서 너무 큰 덩어리여서 효모가 먹을 수 없는 비발효당이다. 이런 비발효당은 발효가 되지 않은 상태로 맥주에 잔당으로 남아 단맛이 나게 되며 따라서 바디감이 풍부한 맥주를 만들 수 있다.

[표 3-2] 당화 온도와 맥주 맛

당화 온도	아밀레이스	추출되는 당	반응	마우스필
64.5~67℃	베타 아밀레이스	이당류	알코올발효	드라이
68~70℃	알파 아밀레이스	많은 다당류	잔당	바디감 풍부

당화조의 온도를 유지하는 방법은 두 가지이다. 먼저 뜨거운 물을 미리 준비해뒀다가 온도가 떨어지면 온수를 조금씩 첨가하여 온도를 올려주는 방법이다. 온도가 너무 높다면 찬물을 더해준다.

다른 방법은 온도가 떨어지면 가스레인지나 버너, 전기의 불을 켜서 가열해서 온도를 올리고 일정 온도에 도달하면 불을 꺼서 조절하는 방법이다. 다만 이 방법은 온도의 변화가 느리기 때문에 세심하게 온도를 측정할 수 없다는 단점이 있다. 불이 강하면 바닥의 몰트가 타면서 맥주맛에도 영향을 주기 때문에 주의해야 한다.

또 당화조 위쪽과 아래쪽의 온도 차이가 심하기 때문에 자주 저어주면서 온도를 체크해야 한다.

❹ 당화 방법

당화를 하는 방법도 다양하다. 먼저 일정 온도의 뜨거운 물과 몰트를 한꺼번에 섞어서 당화시키는 방법은 '싱글 인퓨전 매시'이고 당화 중 일부의 당화혼합물을 빼내 끓인 후 다시 합치는 방법은 '디콕션 매시'이다. 또 한 가지 일정 온도에서 당화를 하는 '싱글 스탭 매시'와 온도를 달리하며 당화를 하는 '멀티플 스탭 매시'로 나누기도 한다. 자가양조에선 대부분 싱글 인퓨전 매시-싱글 스탭 매시 방식으로 당화를 한다.

싱글 인퓨전 매시는 대체적으로 물의 온도가 목표 매시 온도보다 4~6℃ 높을 때 곡물을 넣어 섞는다. 곡물의 온도가 대부분 실내 온도인 20℃인 경우가 많아 곡물을 섞으면 물의 온도가 그만큼 떨어지기 때문이다.

▲ 뜨거운 물과 몰트를 한꺼번에 섞어 당화시키는 싱글 인퓨전 매시

❺ 곡물과 물의 양

당화를 할 때 필요한 물의 양은 곡물의 양에 비례해서 늘어난다. 일반적으로 '곡물의 양(kg) × 3ℓ'가 필요한 물의 양이다. 만약 19ℓ 배치사이즈로 양조를 하기 위해 사용하는 곡물의 양이 5kg이라면 '5kg × 3ℓ' 즉, 15ℓ의 물이 당화할 때 필요하다는 말이다. 이는 정해진 물의 양이 아니고 곡물 kg당 2~4ℓ의 물을 상황에 맞게 사용하면 된다.

❻ 매시 아웃(Mash Out)

자가양조에서도 일부에서는 매시 아웃이라는 기법을 사용하기도 한다. 이는 당화를 끝내고 라우터링 과정으로 넘어가기 전에 맥즙 혼합물의 온도를 77℃로 올려 10분간 유지시켜 줌으로써 효소의 활성화를 잠재우고 당화를 중지시키는 과정이다.

93℃ 정도의 뜨거운 물을 첨가하는 방법으로 온도를 올려주는 것이 좋다. 가스나 전기 열원을 이용해 직접 가열해서 온도를 올리기도 한다. 이 경우엔 77℃까지 온도를 올리는데 시간이 더 걸리며 잘 저어가며 온도를 측정하지 않으면 갑자기 온도가 확 올라갈 수 있어 주의해야 한다.

하지만 매시 아웃은 자가양조에서는 별다른 효력이 없다는 사실들이 설득력을 얻어가고 있는 중이다. 다만, 밀이나 호밀 등의 비율이 25% 이상일 경우 라우터링과 스파징이 어려워질 수 있기 때문에 매시 아웃이 도움이 된다.

❼ 당화 시간

당화에 걸리는 시간은 당화 pH, 당화 온도, 곡물과 물의 양에 따라 다르지만 일반적으로 60분~90분이다.

전문적인 실험에 따르면 당화는 대부분 첫 15분 만에 끝난다는 결과도 나오고 있다. 또 당화 시간이 30분일 경우와 60분일 경우의 발효도의 차이는 5%에 불과하며 수율로 따지면 1% 정도의 변화밖에 없다고도 하는 만큼 오랜 시간 당화를 한다고 좋은 것은 아니다.

3. 라우터링(Lautering · 여과)

라우터(Lauter)는 독일어로 '정화하다'는 의미다. 라우터링은 당화를 끝낸 후 몰트 찌꺼기를 필터로 활용해서 탁한 맥즙(wort)을 걸러주는 과정이다.

▲ 맥즙을 받아 당화조 위쪽에 다시 부어주는 과정을 반복하는 라우터링

방법은 당화조 아래쪽의 밸브를 열어 맥즙을 받아 낸 다음 이를 다시 당화조 맨 위쪽에 조심스럽게 부어주고 다시 받아내는 과정을 반복한다. 이렇게 재순환시키는 과정을 리서큘레이트(Recirculate) 혹은 볼라우프(Vorlauf, 독일어)라고 한다.

이때 받아낸 맥즙을 위에 부을 때는 곡물층(그레인 베드)을 건드리지 않아야 필터 역할을 제대로 할 수 있고 재순환을 몇 번 하고 나면 깨끗한 맥즙을 얻는다. 스파징용 물의 온도가 너무 높으면 맥주에서 떫은 맛이 날 수도 있기 때문에 주의해야 한다. 곡물층을 필터로 활용하기 위해서는 이를 흩트리지 말아야 하는데 큰 접시를 위에 엎어두고 접시 위에 받아낸 맥즙을 부어주기도 하고, 쿠킹 호일에 구멍을 여러개 뚫은 후 이를 곡물층 위에 깔고 그 위에 맥즙을 부어주는 방법을 사용하기도 한다. 또 간단하게는 큰 주걱을 타고 맥즙을 흘러 내리거나 큰 계량컵으로 맥즙을 받은 후 벽면을 타고 내리도록 천천히 부어 주어도 된다. 상황에 맞게 갖추고 있는 도구를 잘 활용하는 것이 중요하다.

당화를 끝낸 후 처음 밸브를 열어 맥즙을 받아내면 몰트 껍질과 큰 가루 등이 섞여 굉장히 탁하다가 재순환 과정을 거치면서 점차 맑은 맥즙이 나오게 된다.

라우터링에 정해진 시간이 있는 것은 아니지만 불순물들이 걸러지며 아주 맑은 맥즙이 나올 때까지 재순환을 반복하면 된다. 보통 10분~20분 정도의 시간이 걸린다.

이렇게 걸러진 맑은 맥즙은 따로 끓임조로 옮긴다. 60분 동안 끓이면서 홉을 추가하는 보일링 과정을 준비하는 것이다. 당화 과정 후 라우터링을 통해 얻어낸 첫 번째 맥즙을 퍼스트 러닝(First Running)이라고 한다.

라우터링을 하는 동안 스파징용 물을 따로 준비한다. 라우터링을 진행하는 동안 맥즙 뿐 아니라 곡물층도 온도가 떨어진 상태이기 때문에 물 온도는 82℃가 되도록 끓여둔다.

▲ 받아낸 맥즙을 곡물층 위에 부어줄 때는 필터역할을 하는 곡물층이 흐트러지지 않게 조심스럽게 부어준다.

4. 스파징(Sparging · 헹굼)

라우터링으로 맑은 맥즙을 얻어 모두 끓임조로 옮겨 담았지만 당화조에는 여전히 맥즙을 머금은 몰트가 남아 있다. 이 맥즙은 아직도 당분을 포함하고 있기 때문에 남아있는 당분을 마지막까지 최대한 추출해낼 필요가 있다.

이렇게 곡물층에 남아있는 당분을 최대한 회수하기 위해 헹궈내는 것이 스파징이다.

스파징에 필요한 물의 양도 정확하게 계산해내야 한다.

먼저 전체 양조과정에 들어가는 물의 양을 계산할 필요가 있다. 만약 20ℓ 배치 사이즈의 양조라고 해서 필요한 물의 양이 20ℓ 뿐일 수는 없다. 당화과정에서 곡물에 스며들어 회수가 불가능한 물의 양은 곡물 1kg당 0.8ℓ 정도이다. 전체 곡물의 양이 6kg이라면 약 5ℓ(6×0.8=4.8)의 물은 곡물이 머금고 있기 때문에 짜내지 못하는 물의 양이다. 또 물을 끓이는 화구의 화력에 따라서 다르겠지만 60분 보일링 동안 대략 4ℓ의 물이 증발된다고 알려져 있다. 따라서 20ℓ 배치사이즈의 양조라면 실제로 필요한 물의 양은 29ℓ가 되는 셈이다.

복잡한 것처럼 보이지만 단순하게 생각하면 된다. 전체 필요한 물의 양은 29ℓ이고 이를 당화할 때와 스파징할 때 나눠넣는다고 생각하면 쉽다.

- 당화할 때 물의 양=곡물 1㎏×2.5ℓ
  곡물 6㎏×2.5ℓ=15ℓ
- 곡물이 머금고 있는 물의 양=곡물 1㎏×0.8ℓ
  곡물 6㎏×0.8ℓ=4.8ℓ (약 5ℓ)
- 라우터링으로 추출해낸 퍼스트 러닝의 양=10ℓ
- 스파징용 물의 양=10ℓ (퍼스트 러닝)-4ℓ (60분 동안 증발 양)+x(스파징 양)=20ℓ
  10-4+x=20. 그러므로 스파징 물의 양 x=14ℓ

스파징용 물의 온도도 중요하다. 물의 온도가 높을수록 몰트에 남아있는 당분을 회수하기가 수월하다. 그러나 76℃ 이상의 온도로 스파징을 할 경우 곡물에서 탄닌 성분이 추출되어 맥주의 맛이 떨어질 우려가 있다. 76℃는 곡물층의 온도이기 때문에 부어주는 물의 온도는 80~82℃가 적당하다. 10분 이상 라우터링을 진행하면서 곡물층의 온도가 떨어진 상태여서 82℃ 정도의 물을 부어야 76℃로 맞추어지기 때문이다.

82℃로 데운 물을 한꺼번에 당화조에 부은 다음 몰트가 품고 있는 당 성분을 충분히 추출할 수 있을 만큼 충분히 저어준다. 그런 다음 밸브를 열어 맥즙을 받아 다시 부어주는 재순환과정을 반복해준다. 이렇게 스파징을 통해 얻어낸 맥즙을 세컨드 러닝(Second Running)이라고 한다. 퍼스트 러닝과 세컨드 러닝을 합쳐 다음 단계인 끓이기(boiling) 과정으로 넘어간다.

5. 끓이기(Boiling)

끓이기는 당화 후 라우터링과 스파징을 통해 얻은 맥즙을 60분 동안 펄펄 끓여주는 단계이다. 60분 동안 정해진 시간대별로 홉을 넣어준다.

맥즙을 끓이는 이유는 다음과 같다.
- 맥즙을 끓이면서 홉을 추가하기 위해서다. 맥즙에 홉을 넣고 끓이면 이성체화가 진행되면서 쓴맛이 나는 수용성 이소 알파 애시드가 생성된다. 홉은 오래 끓일수록 더 많은 알파 애시드가 이성체화 되고 쓴맛도 강해진다.
- 맥즙을 멸균상태로 소독하는 효과가 있다. 60분 동안 끓이면서 소독도 이루어지기 때문에 자가양조에서는 끓이기 이전 단계까지는 소독에 큰 신경을 쓰지 않아도 된다.
- 물이 증발되고 워트의 농도가 짙어지면서 특유의 풍미를 더해 준다.
- 끓이면서 맥주의 이취(off-flavour)를 날려준다. 때문에 보일링 할 때는 끓임조의 뚜껑을 열어둬야 한다. 맥즙의 잡내 뿐 아니라 맥주의 대표적 이취의 하나인 DMS(Dimethyl Sulfide)를 증발시켜 준다. 수돗물에 들어있는 염소도 함께 날아가게 된다.

▲ 맥즙 끓이기. 60분 동안 끓이면서 정해진 시간에 따라 홉을 넣어준다.

6. 호핑(Hopping)

❶ 호핑이란?

　60~90분 동안 맥즙을 끓이면서 홉 스케줄에 따라 홉을 투입하는 과정이다. 홉 특유의 쓴맛을 내기위해서는 대체적으로 60분 동안 끓이며 향을 중시하는 홉은 5분 이내 짧은 시간 동안만 끓여준다. 어떤 홉이든 오래 끓이면 쓴맛이 강해지고 대신 홉이 지니고 있는 아로마는 줄어들기 때문이다.

　일반적으로 레시피에서는 홉을 끓이는 시간을 표시해둔다. 포장지에 60min이라고 쓰여 있는 홉은 맥즙이 끓자마자 바로 넣어야 60분을 끓일 수 있다. 또 5min이라고 적혀있는 홉은 끓고 나서 55분 후에 넣어야 마지막 5분을 끓이게 된다. 0min이라고 표시된 홉은 60분 동안 맥즙을 끓인 후 불을 끄고 넣으면 된다.

쓴맛을 내기 위한 홉은 비터링 홉(Bittering Hop), 맥주에 특유의 아로마를 더하기 위해 사용하는 홉은 아로마 홉(Aroma Hop)이다. 두 가지 목적 모두 사용 가능한 홉은 듀얼 퍼포즈 홉(Dual Purpose Hop)이라고 한다. ▶제2장 맥주의 재료와 역할 중 '홉의 종류' 참조

▲ 펠렛 형태의 홉은 그대로 끓임조에 넣어도 되지만 좀 더 맑은 맥주를 원한다면 홉망에 넣어 끓이는 것이 좋다.

❷ 홉 스탠드 혹은 월풀호핑

60분 보일링 시간이 끝나고 가스를 잠그거나 전기 열원을 끄고 홉을 따뜻한 맥즙에 넣어 천천히 아로마를 우려내는 과정을 홉 스탠드라고 한다. 효모를 뿌려주기 위해서는 일정온도 이하로 식혀줘야 하는데 식히는 10~40분 동안 홉을 투여해서 맥주에 원하

는 아로마를 더해준다.

대체적으로 90℃~60℃ 사이에 길다란 주걱이나 국자 등을 이용해서 맥즙을 회전시키면 원심력으로 인해 바닥 중앙에 찌꺼기 등의 고형물이 모여들면서 배수를 수월하게 해준다. 이를 월풀(whirlpool · 소용돌이)이라고 하는데 이 방식의 홉 스탠드를 월풀 호핑이라고도 한다.

[표 3-3] 홉 투입시기와 나타나는 특징

구분	홉 투입 시기	효과
보일링 호핑	60분 보일링	맥주에 쓴맛을 부여
	15분 이내 보일링	쓴맛보다 향 생성이 주목적
월풀 혹은 홉 스탠드	맥즙 식히는 도중	맥주의 향을 더 풍성하게 생성
드라이호핑	발효 마지막 단계	홉의 향을 가장 효과적으로 추출

7. 식히기(Chilling)

끓이기가 끝난 맥즙을 재빨리 효모가 활동할 수 있는 온도인 20℃ 아래로 식히는 과정이다. 발효 적정 온도를 벗어나 온도가 너무 높은 상태에서 효모를 투입하게 되면 대부분의 효모는 사멸해버리거나 살아남더라도 좋지 않은 효모취를 남길 수 있다.

콜드 브레이크를 위해서도 맥즙은 빨리 식혀주는 것이 좋다. 콜드 브레이크는 맥즙이 식으면서 단백질을 뭉치게 해 아래로 가라앉으면서 맑은 맥주를 얻게 해준다.

10ℓ 맥주양조일 경우엔 싱크대에 찬물을 채운 후 얼음이나 아이스팩을 담가 맥즙을 식힐 수 있다. 하지만 20ℓ 이상의 맥주양조에선 반드시 워트칠러를 사용해야 한다. 워트 칠러는 코일 형태로 감긴 동관이나 스테인리스 관으로 찬 물을 지속적으로 통과시켜 빠른 시간 내에 맥즙을 식혀주는 장비이다. 워트 칠러는 보일링 끝나기 5분전에 끓임조에 담가 소독을 해준다. 이후 수도꼭지와 연결해 찬물을 통과시키면 워트를 빠른 시간 내에 원하는 온도까지 식혀준다.

▲ 워트 칠러. 코일처럼 생긴 관으로 찬물을 통과시켜 맥즙을 빨리 식혀준다.

보일링 단계가 끝나면서 가장 신경을 써야 할 부분이 소독이다. 이때부터는 맥즙에 닿는 모든 장비는 철저하게 소독해야 한다. 공기도 마찬가지이다. 맥즙을 빨리 식혀야 하는 이유 중의 하나가 공기 중에 떠다니는 잡균과의 접촉 시간을 줄이기 위한 것이다.

8. 에어레이션(Aeration)

맥주 효모가 맥즙 속의 당을 먹고 알코올과 이산화탄소를 만들어내는 알코올 발효를 잘 수행해내기 위해선 충분한 양의 당 + 충분한 산소 + 발효에 적당한 온도가 필요하다. 에어레이션은 효모가 충분히 증식할 수 있도록 산소를 공급해주는 과정이다.

맥즙을 60분 동안 끓이면서 맥즙 속의 용존산소는 다 날아가 버렸다. 효모는 산소가 있으면 증식을 하고 산소가 없을 때 알코올발효를 일으킨다. 증식을 통해 효모의 개체수가 충분해야 이후 알코올발효도 활발하게 일어나는 것이다.

에어레이션을 해주는 방법은 다양하다. 소독한 거품기나 긴 국자 등을 이용해서 워트를 강하게 저어주면서 거품을 일으키는 방법이 기본적이다. 알코올도수가 높은 임페리얼 스타우트 등을 발효시키기 위해서는 에어레이션 과정이 중요하다. 거품을 많이 일으켜줄수록 좋다. 소독한 발효통 2개를 준비해서 낙차를 크게 해서 맥즙을 이쪽저쪽 발효통으로 옮기는 것도 한 방법이다. 이는 맥즙을 식히면서 에어레이션까지 하는 방법이기도 하다.

▲ 식힌 맥즙을 낙차를 주어 이쪽저쪽 옮기는 것도 좋은 에어레이션 방법이다.

9. 효모 접종(pitching)

효모를 뿌리기 전에 초기비중을 측정한다. 이는 일주일간의 발효가 끝난 후 측정한 최종비중과 비교해서 알코올도수를 계산해내는데 쓰인다.

당화에 필요한 물의 양과 스파징할 때의 물의 양을 처음부터 잘 계산했으면 원래 계획했던 배치사이즈 만큼의 맥즙이 만들어졌을 것이다.

▲ 맥즙을 식히고 발효조로 옮겨 담았으면 초기비중을 잰다.

▲ 맥즙을 식힌 후에 발효조로 옮겨담고 초기비중을 잰 다음 효모를 뿌려준다.

먼저 비중을 체크해보자. 비중을 재어보고 의도했던 대로 나왔으면 효모를 뿌리고 발효를 시작하면 되고 초기비중이 너무 높게 나왔다면 끓여서 식힌 물을 조금씩 넣어 비중을 맞춰줘도 된다.

맥즙이 적게 나왔어도 당황할 필요는 없다. 보일링 단계에서 너무 센 화력 때문에 증발이 많이 되면 맥즙이 원래 계획했던 배치 사이즈보다 적을 수도 있다. 이때는 원래 레시피 만큼 생수를 첨가하면 된다.

효모는 발효조 안의 맥즙 위에 골고루 뿌려주기만 하면 된다. 벽면에 효모가 뿌려지지 않도록 조심하고 효모를 뿌린 후에는 저어주지 않는다.

10. 전발효(1차발효)

효모를 뿌린 발효조는 뚜껑을 닫아 밀봉하고 에어락을 장착해준다. 에어락에는 소독액보다 도수 높은 소주가 있으면 소주를 부어주는 것이 좋다. 소주가 없다면 생수를 부어준다. 소독액은 발효조 뚜껑을 여닫는 과정에서 발효조 안으로 빨려들어갈 수 있기 때문에 에어락에는 사용하지 않는 것이 좋다. 이제는 효모가 활발하게 활동할 수 있는 온도만 잘 유지시켜 주면 된다. 어차피 맥주는 사람이 만드는 것이 아니라 효모가 만들어주는 것이기 때문에 적정 발효온도 내에서 발효가 이루어지도록 주의하면 된다. 에일맥주는 18~23℃, 라거맥주는 10℃~13℃가 적정 발효 온도이다.

또 햇빛(자외선)이나 형광등 불빛도 차단시켜 주는 게 좋다. 빛에 노출되면 맥주가 갈변현상이 일어나기도 하고 스컹크 등 불편한 냄새가 나기도 한다.

발효 여부는 에어락을 통해 확인할 수 있으며 투명한 카보이를 사용하면 발효과정을 직접 지켜볼 수도 있다. 이때 발효통 안에서 크라우젠(Krausen)이라는 거품이 생길수도 있는데 이는 발효가 끝날 때쯤이면 다시 가라앉기 때문에 너무 걱정하지 않아도 된다.

에일맥주의 경우 1주일 정도면 발효가 완료되는데 발효가 끝났는지 아닌지는 24시간 간격으로 비중을 체크해보면 된다. 오늘 비중을 재고 다음날 한 번 더 비중을 재어 변화가 없으면 발효가 끝난 것이다. 만일 비중이 조금이라도 줄어들고 있다면 발효가 진행되고 있는 상태이다. 이땐 이틀 후 쯤 다시 비중을 재보도록 한다.

11. 드라이 호핑(Dry Hopping)

드라이 호핑(Dry Hopping)은 발효가 진행되고 있지만 거의 끝나가거나 발효가 끝난 맥주에 홉을 추가로 넣어주는 것이다. 이

것은 맥주에 그 홉이 가진 향을 가장 잘 부여할 수 있는 호핑 방법으로 주로 뉴잉글랜드IPA 등의 호피한 맥주를 만들려고 할 때 사용한다.

발효가 거의 끝나갈 즈음에 발효조의 뚜껑을 열고 홉을 넣은 다음 다시 뚜껑을 닫아주면 된다. 때론 발효가 끝나고 통갈이를 한 다음 홉을 투입하기도 한다. 발효가 한창 진행될 때 홉을 넣으면 배출되는 이산화탄소와 함께 홉의 향도 날아가게 되어 효과가 떨어진다.

자가양조에서 가장 일반적으로 쓰이는 방법은 발효 시작 3~5일 후에 넣고자 하는 홉 1온즈(28g)를 홉 망(없으면 육수망으로 대체)에 넣은 다음 새로운 발효조에 홉 망을 홉을 넣고 맥주를 옮겨 담는 방법이다. 이후 1주일 정도 후에 병입을 한다. 홉 망과 새로운 발효조는 반드시 소독을 한 후 사용해야 한다.

12. 병입

병입은 발효가 끝난 맥주를 내압 유리병이나 내압 플라스틱 병에 담는 과정이다. 먼저 병을 깨끗한 물에 한번 헹궈낸 후 소독을 해준다. 병뚜껑도 마찬가지로 소독을 해놓는다. 발효조에서 두 병 정도 따른 후 최종비중(종료비중)을 잰다. 발효조에서 처음 따르는 맥주엔 효모찌꺼기와 다른 침전물이 섞여 나오기 때문에 조금 따라낸 후 최종비중을 체크하는 것이 좋다.

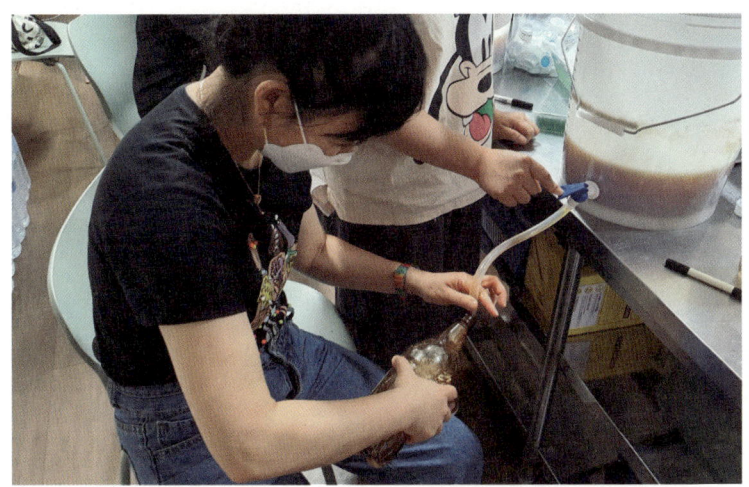

▲ 병입. 병을 비스듬하게 세워 맥주가 병의 벽면을 타고 흐르도록 해준다.

맥주를 따르기 전에 병에 탄산화를 위한 설탕을 넣어준다. 설탕 대신 프라이밍 슈가 혹은 콘 슈가 등을 사용해도 된다. 넣는 양은 1ℓ 병 기준으로 설탕 7g이다. 이를 바틀 컨디셔닝(Bottle Conditioning)이라고 한다.

병입 땐 사이펀을 사용해서 맑은 맥주를 따르는 것이 좋은 방법이지만 실제로 해보면 번거롭기 때문에 발효조의 물꼭지를 열어 바로 병에 따르는 방법을 많이 택한다.

주의할 점은 병을 비스듬하게 세워서 맥주가 병 밑바닥으로 바로 떨어지지 않고 병의 벽면을 타고 흘러내리게 해줘야 한다는 것이다. 맥주가 바로 떨어지면 바닥에서 구르면서 공기 중의 산소와의 접촉이 커지고 산화의 원인이 될 수도 있기 때문이다. 이를 방지하기 위해 양조용 실리콘 튜브를 물꼭지에 꽂은 다음 튜브의 다른 쪽을 병에 넣어 따라내기도 한다.

내압 플라스틱 병을 사용할 때는 맥주는 꽉 채우지 않고 85~90% 정도만 넣은 후 병을 쭈그려뜨려 병 안쪽의 공기를 모두 빼낸 후 마개를 닫아 밀봉한다. 그래야 병속에서 2차발효를 하면서 나오는 탄산가스로 병이 부풀어 오르더라도 터지지 않게 할 수 있다.

▲ 내압 플라스틱 병을 쭈그려뜨린 후 뚜껑을 닫는다.

간혹 병입을 하고 쭈그려놓은 내압 플라스틱 병이 상온에 며칠을 두어도 부풀어 올라 단단해지지 않고 찌그러진 상태 그대로일 경우도 있다. 이럴 땐 병에 설탕을 넣지 않고 빠트리는 경우가 대부분이다. 당황하지 말고 병 마개를 열고 적당량의 설탕을 넣은 다음 다시 마개를 꽉 닫고 2차 발효를 진행시키면 된다. 온도가 낮아서 탄산화가 잘 진행되지 않을 수도 있다. 이때는 온도를 조금 더 올려주면 대부분 병이 단단해진다.

설탕을 너무 적게 넣었거나 효모의 힘이 떨어졌을 경우에도 2차발효가 느려질 수 있다. 설탕을 추가하거나 신선한 효모를 따로 넣어주는 것이 해결책이다. 반대로 병 마개를 열었는데 탄산이 과하거나 폭발하듯 넘칠 때도 있다. 대부분 적당량 이상의 많은 설탕을 넣으면 발생하는 현상이다.

13. 알코올 도수 측정

발효 전과 발효가 끝난 후의 비중 차이를 이용해서 알코올 도수를 계산한다. 비중을 잴 때는 맥즙 혹은 맥주를 비중 측정용 실린더에 가득 채워야 정확한 측정이 가능하다.

온도도 중요하다. 비중은 4℃에서 측정할 때 가장 정확하다. 물의 온도가 4℃일 때 비중이 1.000이기 때문이다. 상온에서 물의 비중은 0.990이다.

맥주의 발효가 끝났는지를 확인하는 방법은 두 가지이다. 먼저 비중을 체크해봤을 때 1.010 대로 측정이 되면 발효가 끝난 것이다. 또 24시간 간격을 두고 비중을 재 보고 변화가 없으면 발효가 끝난 것으로 봐도 된다.

알코올 도수를 구하는 공식은 다음과 같다.

$$\text{알코올 도수 (\%)} = (\text{초기비중} - \text{최종비중}) \times 131 + 0.3$$

마지막에 0.3을 더하는 이유는 탄산화를 위해 첨가하는 설탕에 의해 알코올발효가 일어나고 이때 증가하는 알코올도수를 감안한 수치이다.

14. 병입 탄산화(후발효)

바틀 컨디셔닝(Bottle Conditioning)에서 설탕을 넣는 이유는 효모가 추가발효를 할 수 있도록 당을 투입해주어서 이산화탄소를 생성시키는 것이다. 그래서 병입을 한 후 일어나는 탄산화과정을 후발효 또는 2차발효라고 한다.

자가양조에선 흰설탕을 많이 넣지만 포도당인 프라이밍 슈가

(Priming Sugar)를 사용하기도 한다. 맥주재료를 판매하는 곳에선 콘슈가로 표기를 해서 판매하기도 한다. 프라이밍 슈가는 향 및 풍미가 거의 없는 당이기 때문에 설탕을 사용하는 것보다 잡냄새를 줄일 수 있다.

탄산화도 발효과정이다. 발효조건과 비슷하게 적정한 온도에 둬야 효모가 활동을 한다. 기간은 1주일~2주일 가량이다.

▲ 병입 후 상온에 1주일~10일 정도 두어 탄산화를 진행시킨다.

15. 숙성

탄산화가 끝나면 빵빵해진 병을 냉장고에 보관한다. 이산화탄소는 낮은 온도일수록 액체 속으로 더 잘 녹아들기 때문에 냉장

보관하고 나서 최소한 1주일 후부터 마시면 된다.

  맥주도 일정기간 숙성을 하고 나면 향과 맛이 더 풍부해진다. 대체적으로 냉장보관 1개월 정도 지나야 제대로 된 맥주를 맛볼 수 있다. 맛있는 맥주를 마시는데도 인내심이 필요하다.

03
완전곡물 외 다양한 자가양조 방법

　이때까지 완전곡물로 양조하는 방법을 알아봤다. 이 방법은 소규모 수제맥주 양조장에서 양조하는 방법과 똑 같고 다만 양조 용량만 자가양조에 맞게 20ℓ로 축소시켜 놓은 것이다. 다소 복잡해 보이는 완전곡물 방식의 양조를 가장 먼저 다룬 이유는 가장 기본적인 방법이고 이 방식을 알고 있어야 좀 더 간단한 다른 양조방법을 쉽게 이해할 수 있기 때문이다.

　자가양조 방법은 크게 4가지로 나눈다. 위의 곡물만 사용하는 완전곡물(Allgrain) 방식 외에 세 가지 방법이 더 있다.

　그 전에 완전곡물로 양조를 하는 방법이지만 라우터링과 스파징을 훨씬 간편하게 할 수 있고, 양조 시간까지 줄일 수 있는 방법도 있다. '한 망 양조'라고도 부르는 BIAB(Brew in a Bag) 방법이다.

말 그대로 당화에서 보일링까지의 과정을 하나의 끓임조(찜통·흔히 식깡이라고 부른다)에서 끝낼 수 있다. 완전곡물 방식으로 양조를 할 경우엔 당화조 외에 보일링을 위한 끓임조로 쓰는 찜통이 하나 더 필요하다. 스파징을 편하게 하려면 또 하나의 찜통이 더 필요할 수도 있다. 라우터링을 하는 동안 스파징용 물을 따로 뜨겁게 데워 놓아야 하기 때문이다.

BIAB방식은 촘촘한 큰 망에 곡물을 넣어 당화를 하기 때문에 당화조가 없을 때 유용하다. 커다란 끓임조(찜통) 하나만 있으면 곡물을 넣은 망을 찜통에 넣고 당화를 하면 된다. 이후에 라우터링 없이 혹은 아주 간단한 라우터링 만으로 퍼스트 러닝을 받아내고 82℃로 뜨겁게 데운 스파징용 물을 한꺼번에 망에 부은 후 몇 번 저어주고 세컨드 러닝을 받아내어 끓이기 단계로 넘어가면 된다.

다만, 라우터링과 스파징을 생략하기 때문에 원래의 레시피에서 베이스몰트의 양을 10% 정도 더 넣어줘야 원하는 초기비중을 얻을 수 있다.

BIAB 방식의 가장 큰 장점은 찜통 하나로 양조가 가능하기 때문에 경제적이고 라우터링과 스파징도 간단해 시간과 노력을 절

감할 수 있다는 것이다.

자가양조를 꿈꾸는 사람들에게 걸림돌은 장비구입이다. 큰 돈을 들여 선뜻 당화조 등을 구입하기가 쉽지 않다. 설사 어렵게 양조장비들을 구한다 해도 좁은 집 안에 보관하는 것도 보통 일이 아니다. BIAB 양조는 이런 제약들을 극복하고 좀 더 쉽게 완전곡물 방식 양조에 접근할 수 있게 해준다.

곡물망은 일단 20ℓ 배치 사이즈에 필요한 몰트를 담고도 넉넉하게 남을 정도로 크기가 크면서 튼튼해야 한다. 7kg 정도의 몰트를 넣고 또 이 몰트보다 더 무거운 수분까지 함유하고 있어 이 중량을 감당할 수 있어야 하기 때문이다.

또 파쇄해 놓은 몰트가 빠져나오지 못할 만큼 촘촘해야 하지만 너무 촘촘하면 당화를 끝낸 후 망에서 워트를 추출할 때 시간이 너무 오래 걸리는 수가 있기에 곡물망을 구입할 때는 주의가 필요하다.

맥주재료와 장비를 판매하는 인터넷사이트에서 BIAB 양조용 곡물망을 사는 것이 좋다. 큰 사이즈는 당화를 할 때, 작은 사이즈는 특수몰트를 우려내거나 홉을 넣고 보일링할 때 편하다.

완전곡물 방식이 곡물을 사용해서 당화를 해야하는 방법이라면 부분곡물(Partial Mash) 방식은 일부 특수곡물과 몰트추출물을 함께 사용한다. 이때 특수곡물은 당화를 위한 몰트가 아닌 맥주의 특별한 색깔과 풍미를 위한 몰트이다. 따라서 당화를 하지 않고 따뜻한 물에 담가 몰트의 색과 풍미를 우려내는 스티핑(Steeping) 방법을 따른다.

[표 3-4] 양조 방법별 당화와 호핑 여부

양조 방법	당화	호핑	양조 시간
완전곡물(Allgrain)	○	○	5시간
부분곡물(Partial Mash/Steeping)	○/×	○	2시간 30분
익스트랙트(Extract) + 홉	×	○	2시간
홉트 익스트랙트(Hopped Extract)	×	×	30분

또 몰트추출물을 사용하는 방법도 두 가지이다. 몰트추출물을 사용하되 맥즙을 끓이며 홉을 투입해줘야 하는 익스트랙트(Extract) 양조와 홉 투입까지 다 해놓은 홉트 익스트랙트(Hopped Extract) 양조 방식이다.

04
몰트추출물이란?

몰트를 일정 온도의 뜨거운 물에 1시간 이상 담궈두면 몰트 내의 효소인 아밀레이스가 탄수화물을 당으로 바꿔 달달한 맥즙을 만들어 낸다. 이 맥즙을 농축시켜 놓은 것이 몰트추출물이다. 몰트추출물은 분말형태의 DME(Dry Malt Extract)와 조청처럼 끈적끈적한 액상형태로 된 LME(Liquid Malt Extract) 등 두 가지가 있다.

몰트추출물을 사용해서 맥주를 만들면 신경쓰이는 당화과정과 라우터링, 스파징을 생략할 수 있기 때문에 양조시간을 대폭 줄일 수 있는 장점이 있다. 또 당화할 때의 온도조절, 라우터링과 스파징을 소홀히 했을 때 나타날 수 있는 낮은 초기비중 등의 실수도 줄일 수 있어 자가양조 초보자들이 안정적인 맥주를 만들 수 있다는 것도 장점이다.

특히 홉이 첨가된 맥아추출물인 경우엔 보일링 과정까지 많은 양조단계를 건너뛸 수 있어 시간여유가 별로 없는 홈브루어들이 애용하고 있다.

몰트추출물을 사용할 땐 주의해야 할 사항이 있다.

몰트추출물은 차가운 물에서도 녹는다. 뜨거운 물과 달리 잘 뭉쳐지지도 않는다. 하지만 녹는 속도가 너무 느리다. 반면 뜨거운 물에서는 잘 녹지만 급하게 서둘다 보면 덩어리지면서 이걸 녹이기가 어렵다.

해결방법은 조금씩 넣어주면서 잘 저어주는 수밖에 없다. 특히 분말로 된 DME는 살살 뿌려주면서 계속 저어줘야 한다. 분말을 한꺼번에 넣어 녹이려다가는 이들이 하나로 뭉쳐져서 애를 먹는 경우도 생긴다. 액상형태의 LME는 통을 따뜻한 물에 넣어 중탕하듯이 데워주면 끈적함이 약간 부드러워지면서 부어 넣기도 쉬워진다.

잘 저어서 완전히 녹여주지 않으면 찜통 바닥에 가라앉아 있다가 가열을 하게 되면 새까맣게 탈 우려가 있다. 당 성분이라서 가열하는 불의 세기가 너무 강해도 탈 수 있다. 잘 저어서 완전히 녹인 후 처음 가열할 때는 불의 세기를 너무 강하지 않게 조절해주는 것도 필요하다.

▲ 액상 몰트추출물(LME, Liquid Malt Extract)과 건조 몰트추출물
(DME, Dry Malt Extract).

05
부분곡물 방식으로
맥주 만들기

    부분곡물로 맥주를 만드는 방법은 파셜 매시(Partial Mash)와 스티핑(Steeping) 두 가지이다. 두 방법의 차이는 매싱(당화)을 하는 베이스몰트를 사용하는가 아닌가로 갈린다.

    파셜 매시는 베이스몰트와 특수몰트를 함께 65~70℃ 물에 담그고 60분간 당화를 시킨 다음 몰트추출물(LME, DME)을 녹인다. 일부 당화를 하고 일부는 몰트추출물을 사용하는 방식이다.

    반면, 스티핑 방식은 특수몰트만 일정 온도의 물에 넣어 우려내기만 하면 된다. 발효를 위한 당 성분은 이미 몰트추출물 속에 녹아있기 때문이다(일부 특수몰트는 몰트 생산 과정에서 이미 당화가 이루어지기도 한다).

▲ 특수몰트를 망에 넣어 우려내는 부분곡물 양조.

특수몰트는 당화를 위한 몰트가 아니라 맥주의 색깔을 내기 위해서이거나 맥주의 특별한 맛을 위해서 사용하는 몰트이다. 특수몰트는 당화를 하는 것이 아니라 70℃ 정도의 물에 담가서 색깔과 맛을 우려내기만 하면 된다.

우려내는 시간이 길수록 더 진한 풍미와 색이 나온다. 물론 시간 외에도 온도와 특수몰트 입자의 크기에 따라서도 달라진다. 더 곱게 갈아낸 몰트일수록 더 짧은 시간 내에 우려나오기 때문이다.

우려내는 시간은 보통 60~75℃ 사이에서 30분 정도이다. 특수몰트를 우려낸다고 해서 스티핑(Steeping) 방식이라고도 한다.

1. 부분곡물 양조 과정

파셜 매시(Partial Mash) 방식은 완전곡물 방식과 크게 다르지 않다. 다만 일정량의 몰트를 망에 넣어 당화를 하고 건져내기 때문에 라우터링과 스파징에 들이는 노력과 시간을 줄일 수 있는 장점이 있다.

몰트는 재료를 주문할 때 미리 파쇄한 몰트를 주문하는 게 편하다. 그렇지 않으면 몰트밀 등의 장비를 사용해서 양조자가 직접 파쇄를 해야 하기 때문이다. 이럴 경우 자칫 파쇄를 너무 많이 하게 되면 몰트 껍데기 부분에 있는 탄닌 성분 때문에 맥주에서 떫은맛이 날 수도 있다. 물론 파쇄를 덜 하면 색이나 맛을 우려내기가 어렵다.

스티핑(Steeping) 방식은 미리 양조를 위한 재료와 도구를 준비해두고 물을 데우기 시작한다. 물의 양은 배치(batch)에 따라 다르다. 배치(batch)는 한 번에 담는 맥주의 양을 말한다. 배치의 양이 10ℓ라면 미리 10ℓ의 물을 70℃까지 데워 놓으면 된다.

70℃까지 데운 물에 특수몰트를 넣고 30분간 잘 우려낸다. 자가양조에서 일정 온도를 유지하는 방법은 물의 온도가 65℃로 떨어지면 불을 켜서 온도를 높여주고 70℃가 되면 불을 끄면 된다. 하지만 이 방법은 온도조절이 정확하지 않다. 더 좋은 방법은 물을 미리 끓여뒀다가 온도가 떨어지면 끓인 물을 부어 넣어 온도

를 올리는 것이다.

우려내기가 끝나고 곡물망을 꺼낼 때 맥즙을 꼭 짜는 것은 좋지 않다. 망을 들어올려 자연스럽게 맥즙이 빠져나오도록 하는 것이 좋다. 가볍게 눌러 주는 것은 괜찮지만 곡물망을 힘주어 짜게 되면 탄닌 등의 성분이 빠져나올 수 있기 때문이다.

재미있는 맥주이야기

Steeping 방식 양조에선 왜 당화를 하지 않나

특수몰트이기 때문에 당화가 필요없다. 특수몰트는 몰트 자체의 특수한 맛을 우려내기 위한 것으로 가공이 되었다. 또 맥주의 특유한 색깔을 내기 위한 목적도 있다.
이런 특수몰트는 뜨거운 물에 일정시간 담가 두어 독특한 풍미와 색깔을 우려내기만 하면 된다.

다음은 몰트추출물을 녹여줄 차례다. LME(Liquid Malt Extract)와 DME(Dry Malt Extract)를 넣고 저으면서 잘 녹여준 후 보일링 단계로 넘어가면 된다. 부분곡물 방식에서 보일링 시간은 만들고자 하는 맥주의 종류나 세트상품을 구입하는 인터넷사이트에 따라서 다르다.

초보 자가양조자라면 맥주재료 판매사이트 홈페이지에서 '맥주재료키트'를 선택해서 구입하면 양조설명서를 함께 보내주기 때문에 이를 참조하면 된다.

스티핑 방식의 부분곡물 양조 순서를 간단하게 정리하면 다음과 같다.

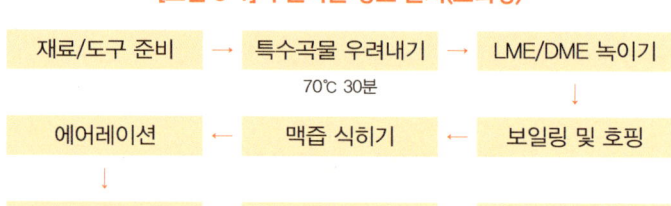

[그림 3-1] 부분곡물 양조 순서(스티핑)

2. 부분곡물 양조의 장단점

부분곡물로 맥주를 만드는 방식에선 장점이 많다. 가장 큰 장점은 맥주품질을 어느 정도 보장을 받는다는 점이다. 몰트에서 당을 추출해놓은 공산품인 몰트추출물을 사용하기 때문에 직접 당화할 때 겪을 수 있는 실패 확률을 줄일 수 있다.

완전곡물 방식으로 맥주를 만들 때 가장 신경이 쓰이는 부분이 당화이다. 온도조절을 제대로 하지 못하면 발효당이 너무 많이 나와 알코올 향이 날카로운 맥주가 만들어지기도 하고, 비발효당만 많이 나오는 바람에 알코올도수는 낮게 나오는 실수도 생길 수 있다. 또 당화 이후 라우터링과 스파징도 무척 손이 가는 과정이다. 자칫 라우터링과 스파징을 소홀히 했다간 제대로 당 성분을 회수하지 못해 초기비중이 낮게 나올 우려가 있다.

[표 3-5] 완전곡물 양조 및 부분곡물 양조(Steeping) 소요시간 비교

전체곡물		부분곡물	
과정	시간	과정	시간
· 곡물 계량 및 파쇄	30분		
· 물 끓이기(74℃까지)	30분		
· 당화(65~70℃)	60분		
· 라우터링	20분	· 특수곡물 우려내기	30분
· 스파징	20분	· LME 및 DME 녹이기	10분
· 보일링 및 호핑	60분	· 보일링 및 호핑	60분
· 맥즙 식히기		· 맥즙 식히기	
· 효모 넣기 (에어레이션)		· 효모 넣기 (에어레이션)	
· 발효통에 넣기		· 발효통에 넣기	
전체 과정 완료 시간	4시간 30분	전체 과정 완료 시간	2시간 30분

당화를 하지 않기 때문에 자가양조에서 가장 큰 골칫거리인 시간을 절약할 수 있고 비교적 간단한 장비만으로도 양조가 가능하다는 점도 장점이다.

완전곡물로 양조를 할 때와 부분곡물 스티핑(Steeping) 방식으로 양조할 때 소요되는 시간을 비교해보면 표와 같다.

반면 당화하면서 온도조절을 통해 맥주의 맛을 양조자의 뜻대

로 컨트롤 할 수가 없다는 점은 단점이다. 가격이 비싸다는 점도 일부 흠이 될 수 있다.

06
몰트추출물+홉을 활용한
맥주 만들기

　양조방법은 비교적 간단하다. 찜통과 발효조만 갖추고 있어도 양조가 가능하기 때문에 자가양조자들이 많이 사용하는 양조방법이기도 하다.

　배치 사이즈에 맞게 일정 양의 물을 뜨겁다고 느낄 정도로 끓인 다음 몰트추출물(LME, DME)을 잘 녹여준다. 물은 끓어도 상관없다. 대신 화구의 불은 꺼야 한다.

　주의해야 할 점은 몰트추출물을 완전히 녹여줘야 한다는 것이다. 몰트추출물은 보리에서 뽑아낸 당분이기 때문에 미리 잘 녹여놓지 않으면 끓이면서 홉을 투입하는 동안 끓임조에 잘 눌러붙는 편이다.

LME, DME를 잘 녹였다면 보일링(boiling) 단계로 넘어간다. 일정시간 동안(재료를 구입하는 곳의 맥주재료 키트에 따라 다르다) 펄펄 끓이면서 홉을 투입하면 된다. 이후 식히기-발효통에 넣기-효모 투입-발효 순으로 이어진다. 맥주재료 키트 상품을 구입하면 자세한 양조설명서를 보내주기 때문에 걱정할 필요는 없다.

부분곡물 방식의 양조와 마찬가지로 몰트추출물을 녹인 후 호핑을 하면서 양조하는 방법은 간편하기도 하지만 일정 수준의 품질을 갖춘 맥주가 나오기 때문에 자가양조자들이 선호하는 방법이다.

▲ 몰트추출물(LME, DME)은 당 성분으로 찜통 바닥에 눌러붙기 때문에 잘 녹여줘야 한다.

07

몰트추출물 만을 활용한 맥주 만들기 (Hopped Extract)

맥주 만들기는 라면 끓이기보다 쉽다고들 이야기 한다(실제로는 발효온도 등 조건을 맞춰줘야 해 까다롭다). 그만큼 쉽다는 말이겠다. 아마도 몰트추출물 만을 활용한 맥주 만들기를 두고 하는 말인 것 같다. 흔히들 '깡통으로 맥주 만들기'라고도 한다. 이는 몰트추출물, 정확하게는 액상몰트추출물인 LME(Liquid Malt Extract)가 깡통 모양의 그릇에 담겨있기 때문이다.

영어식 표현으로는 'Hopped Extract'이다. 이는 몰트추출물 내에 보일링을 한 홉까지 들어가 있어서 뜨거운 물에 몰트추출물을 잘 녹이고 25℃ 이하로 식힌 다음 바로 발효조에 넣어 발효를 시키면 된다. 당화과정도 필요 없고 끓이면서 홉을 투입하는 호핑 과정도 필요 없기 때문에 30분 정도의 시간 안에 맥주 만들기를 끝낼 수 있다는 장점이 있다. 'Hopped Extract' 방식으로 맥주를 만들 때는 맥주강화제를 따로 넣어줘야 고품질의 맥주 맛을 낼 수 있다.

당화와 호핑이 안정적으로 되어있는 제품이기 때문에 발효만 제대로 하면 실패할 우려 없이 일정한 품질의 맥주를 만들 수 있다. 초보 자가양조자들이 꼭 한 번씩 해보는 방법이기도 하다. 또 집에 자가양조 장비를 갖추지 못했거나 아파트 등 오랜 시간동안 물을 끓이기 어려운 경우에도 이 방법으로 양조를 하면 편하게 할 수 있다.

하지만 내손으로 직접 맥주를 만드는 과정 속에서의 소소한 재미는 없다. 조금 어렵고 힘들더라도 차근차근 나의 방식대로 만들어가면서 맥주의 맛과 향을 내보는 것이 자가양조의 가장 큰 매력이기 때문이다. 당화 온도를 다르게 해서 드라이한 맥주도 만들어 보고, 바디감이 풍부한 맥주도 만들어 보는 것이 중요하다. 그래도 양조의 편리함과 안정적으로 나오는 품질 때문에 인기다.

원액캔을 활용해 Hopped Extract 방식으로 맥주를 만드는 방법은 다음과 같다.

[표 3-6] 몰트추출물 만을 활용한 맥주 만들기 순서

순서	내용
1. 원액캔 데우기	찜통에 물을 조금 넣고 따뜻해질 때까지 기다린다. 중탕하는 방법으로 원액캔을 넣고 데운다.
2. LME 녹이기	LME가 어느 정도 데워질 때까지 기다린다. 발효조에 뜨거운 물 3ℓ를 넣고 LME를 잘 녹인다.
3. 생수 부어주기	배치 사이즈만큼 생수를 추가한다. 식을 때까지 잘 저어준다.
4. 초기비중 재기	맥즙 온도가 22℃ 이하로 내려갈 때까지 기다린다. 맥즙의 온도가 20℃ 정도일 때 초기비중을 잰다.
5. 효모 투입	효모를 골고루 뿌려준다. 발효조 뚜껑을 닫고 에어락을 장착한다.
6. 발효 후 최종비중 재기	1주일~2주일 일정온도에서 발효시킨다. 발효가 끝나면 최종비중을 체크한다.
7. 병입 하기	1ℓ 내압플라스틱 병을 준비한다. 병에 설탕 7g을 넣고 맥주를 따른다.
8. 탄산화 후 냉장	적정 발효온도에서 1주일 정도 탄산화를 시킨다. 탄산화 과정이 끝나면 냉장보관한다.

참고 Beer Enhancer : 맥주 강화제

맥주강화제는 덱스트로스(dextrose·정제포도당) : 말토덱스트린(maltodextrin) : 드라이몰트익스트렉트(DME)를 2:1:1로 섞어 만든다. DME가 없으면 덱스트로스 70% + 말토덱스트린 30% 비율로 만들어도 된다.

주로 홉트 익스트랙트(일명 캔)로 양조할 때 5갤런(19ℓ) 배치에 맥주강화제 1㎏을 보일링 종료 15분 전에 넣으면 된다.

맥주의 바디감 향상을 위해 말토덱스트린 만을 추가하기도 하는데 이 때는 19ℓ 배치에 250g을 사용한다.

▶ 제2장 차근차근 배우는 맥주이론 중 '맥주의 부재료 및 활용방법' 참조

08
자가양조 실패 원인과 해결책

  2014년 국내 대기업 맥주에서 소독약 냄새가 심하게 나면서 한바탕 소동이 있었다. 원인은 산화취였다. 산화취는 고온에 맥주가 노출될 경우 맥아 속의 지방성분과 맥주 속에 녹아있는 용존산소가 산화반응을 일으켜 불쾌한 냄새가 나는 현상이다. 산화취는 홈브루잉 과정에서도 발생할 수 있다. 발효 후 통갈이를 할 때나 병입을 할 때 공기 중의 산소와 접촉하면서 일어난다. 이때는 물에 젖은 종이냄새가 난다.

  이처럼 맥주에서 내가 전혀 의도하지 않았던 냄새나 향, 맛 등이 나타날 때 이를 이취(off-flavour)라고 한다. 앞서의 소독약 냄새나 물에 젖은 종이 냄새 모두 이취에 해당한다.

이취의 원인과 증상을 정확히 알면 해결책은 쉽다. 홈브루잉 과정에서 나타날 수 있는 이취의 종류와 원인, 나타나는 증상, 그리고 해결책을 알아본다. 일부는 BJCP(http://www.bjcp.org)의 'BEER FAULT LIST'를 참고했다.

이취가 발생하는 이유는 크게 다음 세 가지다.

1. 소독 잘못으로 인한 오염

홈브루잉에서 가장 신경 써야 할 부분이 소독이다. 양조장에서 체계적으로 맥주를 만드는 것과는 달리 홈브루잉은 시설과 장비 면에서 오염에 아주 취약하다. 자칫 소독을 소홀히 하면 비록 적은 양의 맥주를 만들었더라도 눈물을 머금고 버려야 하는 경우가 생긴다.

오염으로 나타나는 증상은 주로 신맛 혹은 쿰쿰한 곰팡이 냄새, 식초 냄새다. 발효 표면에는 산막이 생기기도 한다.

원인은 박테리아나 야생효모에 의한 오염이다. 정상적인 과정은 맥주효모가 먼저 증식을 하고 이후 알코올발효 과정을 통해 알코올을 만들어 낸다. 하지만 소독을 소홀히 하면 젖산균 등이 먼저 생육을 하게 되면서 맥주에서 신맛이 강해지게 된다. 또 맥즙 뿐 아니라 맥주에도 곰팡이가 자랄 수 있다. 발효 초기에 습기가 많은 곳이나 곰팡이가 자라서 쿰쿰한 냄새가 나는 곳에 발효통을 두면 쉽게 오염될 수 있다.

해결방법은 양조 준비과정에서 도구들을 충분하게 세척을 하고 소독을 하는 수밖에 없다. 장비 소독을 한 후 따로 헹구지 않고(no rinse) 바로 사용할 수 있는 제품이 양조에는 편리하다. 식용 알코올 70%는 물과 희석하지 않고 분무기에 넣어 바로 사용한다. 노 린스 제품인 스타산(starsan)은 물 1ℓ에 스타산 용액 1.6㎖(20ℓ에 30㎖)를 희석한 후 분무하면 된다. 요오드(Iodine)도 같은 비율로 물과 희석해서 사용한다.

2. 재료의 부적절한 관리와 보관으로 생기는 이취

오래된 재료를 사용하거나 보관을 잘못해서 생기는 이취들이다. 파쇄해 놓은 몰트의 경우 1개월 내에 사용하는 것이 좋다. 보관을 잘못 하면 몰트에 벌레가 생기는 경우도 자주 볼 수 있다.

오래된 몰트를 쓰면 곰팡이냄새가 나는 경우도 있다. 몰트추출물은 특히 오래된 제품이 아닌지 꼭 확인해야 한다.

특히 효모는 살아있는 미생물이기 때문에 관리가 중요하다. 너무 오래된 효모는 발효력이 떨어지고 그렇다고 너무 많은 양의 효모를 넣으면 전혀 의도하지 않은 과일향 등이 날수도 있다. 냉장보관을 한 후 효모 스타터를 사용하는 것이 좋다.

❶ 떫은 맛(Astringent)
- **나타나는 증상**

  떫은 맛은 탄닌(폴리페놀) 성분의 함량이 너무 많은 것이 원인이다. 주로 곡물에서 추출되는 탄닌의 영향이 크다.

- **원인**

  곡물을 다룰 때 다음 세 가지를 주의하면 된다. 첫째, 곡물의 껍데기에서 탄닌 성분이 나온다. 곡물을 파쇄할 때 너무 고운 상태로 파쇄를 하지 않도록 주의해야 한다. 둘째, 스파징 온도가 너무 높거나 스파징 시간이 너무 길어도 탄닌 성분이 추출된다. 스파징용 물의 온도는 76℃를 넘기지 말아야 한다. 셋째, 태운 몰트인 블랙몰트 사용에 주의해야 한다. 블랙몰트는 껍질 채로 태우기도 하고 껍질을 벗긴 다음 알곡만 태우기도 한다. 탄닌은 껍질에서 나오기 때문에 블랙몰트를 사용할 경우 알곡만 태운 몰트를 쓰는 게 좋다.

또 홉을 과다하게 사용하는 것도 떫은 맛의 원인이 된다. 알파산 함량이 낮은 홉을 대량으로 쓰는 것과 드라이호핑에 많은 홉을 투여하는 것도 탄닌을 다량 생성하는 원인이 된다.

- **예방/해결책**

곡물파쇄를 너무 과하게 하지 않도록 한다. 스파징 온도를 77℃를 넘기지 않도록 유지시키고 물의 pH를 체크해서 적정 pH를 유지시킨다.

▼ 맥주에서 떫은 맛이 나는 원인은 다양하다. 그 중 가장 큰 원인은 곡물의 껍데기이다. 몰트를 너무 곱게 파쇄하지 않도록 주의해야 한다.

❷ 디아세틸(Diacetyl)

• **나타나는 증상**

버터 맛, 버터 듬뿍 들어간 영화관 팝콘 맛

• **원인**

효모의 활동이 활발하지 않아 발효 시간이 길어지면 발효초기에 디아세틸 물질이 생성된다. 맥즙을 식히는 시간이 길어지거나 젖산균(Pediococcus)의 오염으로도 생길 수 있다. 옥수수와 쌀 등 부재료의 과도한 사용도 원인이 된다.

• **예방/해결책**

발효가 끝날 때 온도를 3℃ 정도 높여 효모의 활성을 유지해주는 디아세틸 휴지기를 가지면 좋다. 철저한 소독과 효모 스타터를 사용하는 것도 도움이 된다. 맥즙을 빨리 식히고 충분한 에어레이션을 해주는 게 좋다.

❸ 풀 냄새(Grassy)

• **나타나는 증상**

금방 깎은 잔디 냄새, 푸른 잎에서 나는 풀 향

• **원인**

몰트와 홉의 보관 방법이 부적절하고 사용할 때 제대로 건조하지 않으면 발생한다. 좋지 않은 품질의 몰트를 사용해도 생겨나는 현상이다.

- 예방/해결책

신선한 몰트와 홉을 사용해야 한다. 드라이 호핑과 홀홉의 양을 줄이는 것도 한 방법이다.

❹ 라이트 스트럭(Light-struck)

- 나타나는 증상

스컹크 냄새, 담뱃재 냄새

- 원인

홉에 함유된 이성질체 물질이 햇빛(자외선)에 노출되어 생기는 반응이다. 맥주를 직사광선이나 형광등 불빛에 노출시켜도 발생한다. 투명하거나 녹색 병에 맥주를 저장해도 생긴다.

- 예방/해결책

홉이 첨가된 이후부터는 햇빛에 노출시키지 않는다. 발효 환경도 형광등 불빛에 직접 노출되지 않도록 해준다. 갈색 병에 맥주를 담아 보관한다.

3. 양조과정 중 잘못으로 발생하는 이취

맥주에서 이취는 다양한 원인에 의해 생긴다. 하지만 발효 초기의 적정한 온도 유지만으로도 맥주에서 발생하는 이취를 상당부분 막을 수 있다. 초기 발효온도가 너무 높아서 이취가 생기는 경우가 많다. 과발효로 날카로운 알코올향이 나거나 떫은맛이 나는 원인이 된다. 그렇다고 온도가 너무 낮으면 또 발효가 느려지거나 멈추게 되는 부작용이 생긴다. 발효 초기에 적정 발효온도가 중요한 이유다.

❶ 아세트알데히드(Acetaldehyde)

　사람의 간에서 알코올을 분해하는 과정에서 생성되는 대사물질인 아세트알데히드는 술을 마신 후 얼굴이 빨개지거나 다음날 두통, 어지럼증, 구토 등 숙취의 원인으로 작용한다. 과음을 하게 되면 아세트알데히드 분해 능력에 과부하가 걸리게 되고 독성이 있는 아세트알데히드는 체내에 축적되면서 숙취가 발생하는 것이다. 이런 독성물질인 아세트알데히드는 맥주 양조과정에서도 이취의 형태로 나타날 수도 있어 주의해야 한다.

- **나타나는 증상**

　풋사과 향, 금방 자른 호박 냄새, 잔디 깎을 때의 냄새

- **원인**

　아세트알데히드는 알코올발효 과정에서 생성되는데 대부분은 발효가 끝나갈 즈음 효모가 에탄올을 만들어내면서 줄어들어 맥주의 향이나 맛에 영향을 주지않을 만큼의 소량만 남는다. 하지만 발효를 완전히 끝내지 못했거나 발효 초기에 온도가 너

무 높아 과도하게 발효가 진행되어도 아세트알데히드 형성을 촉진하는 원인이 된다.

• **예방/해결책**

아세트알데히드는 효모의 상태에 따라 발생하는 문제이다. 완전발효를 하는 게 상책이다. 이를 위해 건강한 효모를 적당량 사용하며 에어레이션을 충분히 해줘 효모증식이 잘 되도록 유도해야 한다. 효모 영양제를 넣는 것도 한 방법이다(보일링 끝나기 15분 전에 1tsp). 날카로운 알코올향과 마찬가지로 숙성기간을 오래 가지면 해결되는 경우가 많다.

❷ 알코올(Alcoholic)

• **나타나는 증상**

맥주를 한 모금 들이켰을 때 코를 찌를 정도의 알코올 향이나 입안 혹은 목에서 화끈함을 느낄 정도의 날카로움이 있는 경우다.

• **원인**

발효온도가 26℃ 이상으로 높을 경우와 당화 온도가 65℃ 이하로 낮을 경우 발생한다. 당화 온도가 낮으면 발효당이 많이 나오게 되고 알코올생성도 그만큼 많아진다. 또 효모 투입량이 적어도 효모가 스트레스를 받게 된다.

• **예방/해결책**

발효온도를 낮춰주면 해결된다. 맥주 레시피에 적혀 있는 발효 온도 범위 안에서 낮은 온도에 맞춰 발효를 시키는 게 더 좋다. 특히 맥아즙의 온도가 적당하게 식었을 때 효모를 투입해야 한다. 맥아즙에 인위적으로 너무 많은 당을 첨가하지 않는 것도 주의해야 할 사항이다. 알코올 향이 강할 땐 맥주를 오래 숙성시키면 조금은 부드러워진다.

❸ 디메틸 설파이드(Dimethyl Sulfide·DMS)

주로 몰트를 가공할 때 더 높은 온도에서 더 오랜 시간 건조를 시키면 발생한다. 알코올 도수가 낮은 페일라거에서 DMS가 상대적으로 많은 이유다. 아메리칸 라거 혹은 크림에일 스타일 맥주에서는 어느 정도까지는 허용되는 이취다.

- **나타나는 증상**

  조리해놓은 옥수수 맛, 양배추 삶아 놓은 맛

  - **원인**

  맥즙을 끓일 때 불이 약하면 DMS가 발생한다. 세균 오염으로도 발생하는데 이 때는 냄새가 더 지독하다.

- **예방/해결책**

  센 불로 충분한 시간동안 맥즙을 끓여 준다. 보일링 하는 동안 뚜껑을 열고 60분 이상 끓이면 대부분 휘발된다. 필스너 몰트를 베이스몰트로 쓰는 경우 심해진다.

❹ 에스테르(Estery)

라거 맥주보다 에일 맥주가 원래 과일향이 나는 경우가 더 많다. 밀맥주인 바이젠은 약간의 바나나향이 특징적이고 미국산 홉을 사용하는 경우 열대과일 향이 조금씩 풍기기도 한다. 문제는 지나칠 경우이다.

- **나타나는 증상**

  바나나, 사과, 딸기, 자몽, 라즈베리 등의 의도하지 않은 과일향.

- **원인**

  양조과정에서 나오는 에스테르는 효모에서 생성된다. 특히 효모가 스트레스를 받을 경우인데 너무 적은 양의 효모를 넣거나 발효온도가 지나치게 높거나 낮은 경우, 맥즙에 당이 많아 비중이 높을 경우 효모가 스트레스를 받게 되고 에스테르의 발생도 많아진다.

- **예방/해결책**

  발효 온도를 가능한 범위 내에서 낮춰서 발효를 진행시킨다. 투입하는 효모의 양도 적당해야 하고 맥즙의 비중도 적절하게 유지시켜 준다.

❺ 산화(Oxidation)

- **나타나는 증상**

  맥주 양조할 때 제일 흔하게 나타나는 것이 산화이다. 산화가 일어나면 물에 젖은 종이처럼 불쾌한 냄새가 난다.

• **원인**

발효 과정에서는 에어락을 설치하는 등으로 공기와의 접촉을 최대한 줄이지만 발효 후 통갈이 혹은 병입과정에서 맥주가 산소에 노출되면 생기는 현상이다. 병입할 때 병 목에 공기층이 많거나 완성된 맥주에 탄산수를 첨가하는 경우에도 발생한다.

• **예방/해결책**

발효 후 산소와의 접촉을 피하는 게 상책이다. 통갈이 할 땐 바로 쏟아붓지 말고 빈통의 벽면을 타고 흘러내리게 조심해야 한다. 병입할 때도 마찬가지다. 직각으로 병 안으로 맥주를 떨어뜨리면 맥주가 바닥에서 구르면서 공기층과의 접촉면이 넓어진다. 병입 후 병목 윗부분의 공기층을 최대한 없도록 쭈그려뜨리고 뚜껑을 닫아 밀봉 해준다.

09
자가양조에서 맥주 맛을 결정짓는 요인들

맥주양조는 재료 준비에서부터 발효가 완성되고 탄산화 작업이 끝날 때까지 각각의 과정마다 맛을 결정짓는 요인들이 숨어 있다. 이 요인들을 어떻게 관리하느냐에 따라 양조의 성패가 결정된다고 볼 수 있다.

중요한 내용이니 한 번 더 정리하고 다음 단계로 넘어가 보자.

1. 몰트 파쇄

전문적으로 맥주를 양조하는 게 아니라면 재료를 구입할 때 아예 파쇄를 해놓은 몰트를 구입하는 것이 편하다. 물론 조금만 더 관심을 가지면 몰트 파쇄 장비인 몰트밀을 구입해서 직접 파쇄할 수도 있다. 하지만 파쇄할 때의 수고로움이야 감수할 수 있다지만 어느 정도까지 몰트를 파쇄를 해야 적당할지 모르기 때문에 잘못될 가능성이 있다.

몰트를 파쇄할 때도 주의해야 할 점이 있다. 몰트 껍질의 손상이 적도록 가볍게 부숴 주는 게 맥주의 맛과 맑기에는 유리하다. 껍질이 너무 잘게 부숴질 정도로 곱게 파쇄를 하면 양조 과정에서 껍질의 탄닌 성분이 추출되어 맥주 맛이 떫어진다. 그렇다고 파쇄를 대충대충 한다면 수율이 떨어지게 되는 문제도 생긴다. 때문에 양조에 어느정도 자신이 붙을 때까지는 몰트를 주문할 때 미리 파쇄를 해서 보내달라고 요청을 하는 것이 좋다.

▲ 파쇄해놓은 몰트(왼쪽)와 파쇄하기 전의 몰트.

이외에도 맥주에서 떫은맛이 생기는 원인은 더 있다. 스파징 온도가 너무 높거나 너무 오랜 시간 스파징을 하는 경우에도 떫은 맛이 나온다. 또 떫은맛은 주로 몰트의 껍질에서 생기기 때문에 몰트를 굽거나 태울 때 가능하면 껍질은 제거하는 것이 좋다.

2. 프로틴 레스트(protein rest)

프로틴 레스트는 효소가 단백질을 분해해 작은 크기로 만들어주는 과정이다. 50℃ 정도의 당화조 물에 몰트를 넣어 20분 정도 유지를 시키면 된다.

프로틴 레스트는 자가양조에서는 굳이 하지 않아도 된다. 요즘은 몰트 가공기술이 발달했기 때문이다. 다만, 단백직 성분이 상대적으로 많은 밀이 들어갈 경우엔 프로틴 레스트를 해주는 것이 좋다는 정도로만 기억하고 있자.

3. 당화

당화는 온도가 중요하다. 64.5~67℃에서 당화를 시키면 베타 아밀레이스가 활성화되면서 주로 말토스(Maltose)라는 이당류를 추출해낸다. 말토스는 발효당으로 효모가 이를 섭취하고 발효를 일으키며 알코올을 만들어낸다. 때문에 드라이하고 라이트한 바디의 맥주를 만들어 낸다.

반면, 68~70℃에서 당화가 이루어지면 알파 아밀레이스가 활성화되고 말토스 외에 말토트리오스(Maltotriose), 글루코스(Glucose), 덱스트린(Dextrine)을 생성해낸다. 특히 덱스트린은 다당류로서 너무 큰 덩어리여서 효모가 먹을 수 없는 비발효당이다. 이런 비발효당은 발효가 되지 않은 상태로 맥주에 잔당으로 남아 단맛이 나게 되며 따라서 바디감이 풍부한 맥주를 만들 수 있다.

종종 외국 사이트의 맥주양조 레시피를 참조하다 보면 매시 아웃(Mash Out)이라는 방법이 나온다. 매시 아웃은 당화가 끝나고 라우터링 전, 온도를 78℃까지 올려서 10분 동안 유지시켜주는 과정이다. 효소들을 죽여 당 분해를 정지시키는 과정이다.

4. 라우터링 & 스파징(lautering & Sparging)

당화 이후 몰트가 품고있는 당 성분을 남김없이 회수해내는 과정이다. 이 과정을 얼마나 충실히 했느냐에 따라 초기비중이 달라질 수 있다.

주의할 점은 스파징하는 물의 온도가 78℃를 넘지 않아야 한다는 것이다. 스파징 온도가 높으면 탄닌 성분이 추출된다. 물론 스파징 온도가 너무 낮으면 몰트 내의 잔당을 씻어내는데 문제가 생길 수 있다.

5. 보일링(wort boling)

1시간 이상 펄펄 끓여야 한다. 이때 끓임통의 뚜껑은 열어둬야 한다. 수돗물을 사용한다면 이때 염소 등 화학물질과 잡냄새가 날아가기 때문이다. 대부분 보일링 시간은 60분이지만 가끔 90분간 끓이라는 레시피도 있다.

펄펄 끓는 정도의 불 세기를 유지해야 한다. 처음엔 끓어 넘칠 것 같아 약하게 불조절을 해놓으면 얼마 지나지 않아 보글보글 끓는 정도로 너무 약해질 수 있다. 수시로 불 세기를 확인해야 한다.

10
자주 하는 질문과 답변

맥주 양조는 상당히 예민한 과정이다. 살아있는 미생물인 효모를 적절하게 관리하고 통제할 수 있어야 제대로 된 맥주를 만들 수 있다.

양조과정에서 가장 신경을 써야 할 부분은 소독이다. 아무리 좋은 재료를 가지고 좋은 시설에서 맥주를 만든다 하더라도 외부 세균에 오염된다면 허사다. 맥주 양조를 막 시작한 초보 홈브루어들이 가장 많이 하는 질문을 모아 보면 대부분 소독을 소홀히 해서 생긴 문제이거나 발효 과정 중 온도 조절을 하지 못해서 생기는 문제들이다. 이런 문제들은 원인을 알고 나면 쉽게 해결방법도 찾을 수 있다.

1. 양조 과정에서의 FAQ

Q 효모를 넣었는데도 에어락에서 아무런 반응이 없어요.

A 이런 경우 대부분은 발효 온도가 너무 낮아서 그렇다. 적정 발효 온도를 유지시켜 주면 정상적으로 발효를 진행한다. 에일맥주는 18~23℃, 라거맥주는 10~13℃가 적정 발효 온도이다. 효모에 따라서도 온도는 조금씩 다르다. 온도를 맞춰주었는데도 계속 반응이 없다면 효모 자체의 문제이다.

Q 발효통에서 식초 같은 시큼한 냄새가 나요.

A 소독을 잘못해서 오염되었을 가능성이 가장 크다. 시큼한 식초 냄새 외에 버터 냄새나 헛간에서 나는 쿰쿰한 냄새가 나기도 한다. 또 맥즙 위에 약한 산막이 생기기도 한다. 양조 준비단계에서부터 철저하게 장비들을 소독하는 것이 해결 방법이다.

Q 발효 시작한지 1주일 정도 지났는데 최종비중은 높게 나와요.

A 대부분의 경우 온도가 낮아서 발효가 중단된 상태이다. 온도를 높여 며칠 더 발효시켜주면 된다. 발효가 끝났는지를 확인하는 방법은 먼저 비중을 한 번 재고, 24시간 후에 다시 한 번 비중을 재어 변화가 없으면 발효가 끝난 것이다. 만약 하

루 뒤에 비중을 체크했는데 비중이 낮아졌다면 아직 발효가 진행 중이므로 24시간 간격으로 계속 비중을 재어 본다. 오래된 효모를 사용해도 이 같은 현상이 발생할 수 있다.

Q 병입을 하고 2차 발효를 진행시키고 있는데 쭈그려놓은 내압 플라스틱 병이 단단해지지 않아요.

A 병입 후 정상 발효 온도에 두면 보통 3일 정도 지나면 쭈그려서 밀봉한 플라스틱 병이 이산화탄소로 채워지면서 빵빵해진다. 그렇지 않다면 대부분 병입할 때 설탕을 넣지 않아서다. 특히 20ℓ 배치사이즈일 땐 20개 이상의 병에 설탕을 넣어야 해 가끔 빠트리는 경우도 있다. 이럴 땐 병 마개를 열고 적당량의 설탕을 넣은 다음 다시 마개를 꽉 닫고 2차 발효를 진행시키면 된다.

Q 병입 탄산화 이후 냉장 보관했다가 마시기 위해 마개를 열었는데 폭발하듯 넘쳤어요.

A 병입할 때 설탕을 너무 많이 넣으면 과탄산으로 병 마개를 열었을 때 곤란을 겪는다. 1ℓ 병에 설탕 7g이 적당량이다.

Q 맥주가 생각보다 훨씬 탁해요.

A 밀맥주나 람빅 맥주를 제외하고 일부러 맥주를 탁하게 만들

지는 않는다. 밀몰트가 많이 들어가면 밀이 함유하고 있는 단백질 성분 때문에 맥주가 더 탁해진다. 당화 후 라우터링(여과)을 신경써서 하고 보일링 중에 홉을 투입할 때도 홉망을 사용하는 게 좋다. 아이리쉬 모스 등의 맥주청징제를 사용하는 것도 한 방법이다.

2. 맥주 일반에서의 FAQ

Q 한국 맥주는 진짜 맛이 없나요?

A 한국의 대기업에서 만드는 맥주 스타일은 페일 라거이다. 페일 라거는 깔끔한 맛과 시원한 목넘김이 특징이다. 최근 많이 생겨난 소규모맥주양조장에서 만드는 크래프트 맥주(수제맥주)는 대부분 에일 맥주인데 에일 맥주는 다양한 향과 맛이 목적이다. 라거와 에일은 각자 추구하는 방향이 다르기 때문에 단순 비교해서 이게 맛있다, 저게 맛있다라고 표현할 수 없다.

한국 대기업에서 만드는 페일 라거는 깔끔하고 시원한 목넘김으로 마시기엔 괜찮은 맥주이고 소규모 맥주양조장에서 만드는 에일맥주는 홉 향과 풍미가 다양하기 때문에 그 나름의 특색이 있다.

Q 생맥주와 병맥주, 캔맥주의 차이는?

A 결론적으로 말하면 차이가 없다. 같은 맥주이다. 같은 맥주를 병에 담으면 병맥주, 캔에 담으면 캔맥주이고 20ℓ 케그에 담으면 생맥주라고 부른다. 맛이 다르다고 느끼는 것은 보관 상태에 따라 달라지기 때문이다. 다만, 케그에 담긴 생맥주는 이산화탄소가 있어야 따를 수 있기 때문에 이산화탄소를 어떻게 관리하느냐에 따라 맛이 달라진다.

생(生)이라는 단어도 한국에서만 사용한다. 외국에선 케그에 담긴 맥주를 드래프트 비어, 탭 비어라고 한다. 만약 효모가 살아있다는 개념으로 생맥주를 마시려면 홈브루잉으로 직접 만들어 마시는 게 제일 좋다. 소규모맥주양조장에서 만드는 맥주 중에는 효모가 살아있는 맥주가 많다. 대기업 맥주는 유통기한(소비기한)을 늘리기 위해 대부분 효모를 거르거나 저온살균을 한 후 내놓는다. 효모가 살아있는 맥주는 아닌 것이다.

Q 맥주병 색깔은 왜 갈색일까?

A 맥주는 햇빛 뿐 아니라 형광등 빛에 노출되면 라이트 스트럭(Light-struck) 현상으로 스컹크 냄새 등과 함께 맛도 변한다. 홉에 함유된 이성질체 물질이 햇빛(자외선)에 노출되어 생기는 반응이다. 갈색 병은 맥주를 햇빛에 노출시키지 않게 하기 위해 사용한다. 투명한 병이나 녹색 병에 담아도 맥주는 쉽게 변한다.

Q 왜 맥주를 따를 때는 첨잔을 하지 않나?

A 맥주에서 거품은 맛에 결정적인 영향을 끼친다. 맥주 속에 녹아있는 탄산가스가 방출되는 것을 지연시켜주기 때문이다. 맥주를 잔에 따랐을 때 거품이 마개 역할을 하면서 탄산을 유지시켜 준다. 맥주가 가진 향을 묶어두는 역할도 한다. 컵에 따라놓은 맥주는 거품도 없어졌고 탄산가스도 빠진 상태다. 여기에 맥주를 더 따르는 것은 새로 따르는 맥주마저 맛없게 만든다.

Q 무알코올 맥주와 비알코올 맥주는 어떤 차이가 있나.

A 우리나라 주세법에 따르면 주류(술)란 주정과 알코올분 1도 이상의 음료를 말한다. 주세법상 알코올 1% 미만인 경우엔 주류가 아닌 음료로 구분된다. 따라서 무알코올·비알코올

맥주는 맥주가 아니다. 맥주맛 음료이다. 알코올농도가 전혀 없거나 1% 미만이기 때문이다. 알코올이 전혀 들어가지 않을 경우엔 무알코올, 알코올이 0.9% 이하인 경우는 논알코올(또는 비알코올)로 구분한다. 논알코올 맥주는 일반 맥주처럼 당화와 발효를 거친 다음 알코올을 분리해내는 공법으로 만든다.

Q 맥주에서 물이 차지하는 비중은 어느 정도일까.

A 맥주 양조에서 물이 차지하는 비중은 크다. 전체 재료 중에서 양으로 따지면 물이 차지하는 비중은 95% 이상이기 때문이다. 유럽에선 물이 좋은 곳에서 맥주산업이 발달했다. 요즘은 물 처리기술이 발달했기 때문에 양조장이 굳이 물 좋은 곳에 위치할 이유는 없다. 오히려 물의 pH와 연수인지 경수인지가 더 중요하다. 맥주양조장에서는 물의 pH를 5.2에 맞추어 양조한다.

재미있는 맥주이야기

맥주 알코올도수가 65%?

맥주의 알코올도수는 부피당 알코올 양인 ABV(Alcohol by Volume)를 % 단위로 표시한다. ABV 계산은 비중계를 이용한다. 홈브루어들도 자신이 만든 맥주의 알코올도수를 계산할 때는 비중계에 의존한다.

맥아를 일정한 온도의 물속에 넣어 당을 뽑아낸 액체가 맥즙이다. 이 맥즙을 끓이면서 홉을 투입하고 이를 식힌 다음 효모를 넣어 발효시킨다. 효모를 넣기 전 식힌 맥즙의 비중을 먼저 측정한다. 초기비중이다. [계속]

재미있는 맥주이야기

맥아에서 뽑아낸 당분이 가득한 맥즙이다. 효모가 이 당을 먹고 알코올과 이산화탄소를 배출한다. 이 과정이 알코올발효과정이다.

발효가 끝나면 다시 비중을 체크한다. 최종비중이다. 초기비중에서 최종비중을 빼고 131을 곱하면 알코올도수가 나온다. 때론 이 값에 0.3을 더하기도 한다.

대게 ABV가 높을수록 단맛이 강해지고 바디감도 풍부해진다. 맥주의 단맛은 맥아의 당 성분에서 나오는 것이기 때문이다. 단맛이 강해지면 밸런스를 맞추기 위해 홉의 쓴맛을 더 넣기도 한다.

다음은 일반적인 맥주종류별 알코올도수이다. 라거는 대부분 4~5.5%의 알코올도수 범위를 가진다. 페일에일은 4~5.5%, IPA와 APA는 5.5~7.5%, 임페리얼 스타우트는 8~12%, 임페리얼 스타우트는 때론 13%를 넘어서기도 한다. 발리와인은 8~15%의 도수를 지닌다.

그렇다면 이때까지 양조된 맥주에서 나온 가장 높은 알코올도수는 얼마일까. 양조업체들끼리 마케팅을 위해, 때론 자존심을 걸고 도수 높은 맥주를 만들기도 했다.

이때까지 이 자존심싸움의 승자는 스코틀랜드 양조업체인 브루마이스터가 만든 아마겟돈으로 알코올도수 65%였다.

PART IV

차근차근
만드는 나만의
맥주 레시피

01 맥주 레시피를 만들려면
02 맥주 레피시 설계 원칙
03 클론 레시피 응용 사례

맥주를 만드는데도 레시피가 있다. 요리사가 자기만의 레시피를 가지고 일품 요리를 만들어내듯 브루마스터들도 자기만의 맥주 레시피를 가지고 맥주를 만든다. 이런 면에서 보면 맥주는 요리와 다름없다. 맥주 양조에 뛰어난 기술을 가진 브루마스터도 좋은 레시피가 있어야 맛있는 맥주를 만들 수 있기 때문이다.

01
맥주 레시피를 만들려면

    나만의 맥주 레시피를 구성할 수 있는 정도의 실력을 가지려면 부단한 노력을 기울여야 한다. 폭 넓은 이론적인 바탕 위에 오랫동안 양조를 하면서 쌓아온 경험도 있어야 가능한 일이 레시피를 짜는 일이다.

    그렇다고 너무 기죽을 필요는 없다. 조금만 신경을 쓰면 참고할 만한 맥주 레시피가 많다. 다른 사람들이 짜놓은 레시피를 나만의 방식으로 응용해보는 것이다. 다만 제대로 된 레시피를 찾는 일이 쉽지 않다. 인터넷에 맥주 레시피와 관련된 게시물들은 많지만 보고 활용하고 응용할 만큼의 수준있는 레시피는 많지 않다. 관건은 정확하면서도 신뢰할 만한 레시피를 찾아내는 일이다.

    이렇게 찾아낸 세계 유명 맥주의 레시피들은 홈브루잉을 하면서 나의 양조기술을 한 단계 성장시켜 주는 좋은 기회가 될 것이라고 생각한다. 차근차근 한 번씩 따라 만들다 보면 길이 보일 것이다. 이미 상업적으로도 성공해서 맛과 풍미가 검증된 맥주를 그대로 만들면서 창의력을 발휘한다면 나만의 새로운 맥주를 만드는데도 큰 도움이 될 것으로 확신한다. 크래프트 맥주의 핵심은 도전이다. 실험적이고 창의적인 맥주를 만드는 것이다. 이런 레시피를 바탕으로 나만의 색깔을 나타낼 수 있는 새로운 부재료를 넣어 만들어보고 하다보면 그 목표도 어느새 가까이 와 있을 것이다.

그렇다면 내게 실질적으로 도움을 줄만한 레시피를 어떻게 찾을 것인가?

홈브루어들이 활용하기 가장 좋은 방법은 '클론 레시피(Clone Recipe)'이다. 클론(Clone)이라는 영어 단어는 '복제하다'는 뜻이다. 클론 레시피란 유명 맥주를 그대로 재현해내서 양조하기 위해 만든 레시피를 말한다. 이렇게 홈브루어들이 공개해놓은 레시피도 훌륭한 교재가 되기도 하지만 때로는 유명 양조장의 양조사가 자기 레시피를 홈브루잉에 딱 맞는 20ℓ 배치사이즈로 변환시켜 공개해놓기도 한다.

유명 양조장의 양조사가 공개해놓은 레시피의 가장 큰 장점은 이 상업맥주가 이미 시중에 상품으로 나와 있기 때문에 내가 따라 만든 맥주와 비교해볼 수 있다는 점이다. 클론 레시피를 바탕으로 내가 만든 맥주가 판매되고 있는 맥주와 어떤 차이가 있는지를 살펴보면 양조할 때 잘못한 부분을 역추적할 수 있을 것이다.

다음은 자가양조자들이 많이 이용하는 맥주 레시피 사이트들이다.

- https://homebrewanswers.com
- https://byo.com
- https://beerandbrewing.com
- http://beersmith.com
- https://www.homebrewersassociation.org

1. 커피 스타우트(Coffee Stout) 레시피 만들기

가장 먼저 할 일은 클론 레시피를 찾는 일이다. 인터넷 포털 사이트에서 '내가 찾고 싶은 맥주 clone recipe'로 검색을 하면 된다. 만일 며칠 전에 마셨던 커피향이 은은하게 들어있는 스타우트를 마셨는데 맛과 향이 인상적이었다면 이 맥주를 한번 만들어 보는 것이다.

먼저 'coffee stout clone recipe'로 검색을 한다. 미국의 인터넷 사이트에 맥주 레시피가 많기 때문에 구글에서 검색해야 한다. 검색하면 여러 사이트들이 나열된다. 중요한 건 신뢰할 만한 사이트를 찾는 일이다. 몇 번 검색하다 보면 클론 레시피를 많이 보유하고 있고 이용자들이 많으며 특히 유명 양조장의 양조사가 홈브루잉 용으로 레시피를 많이 공개해놓은 사이트를 쉽게 찾을 수 있다.

Coffee Stout

Beer Stats	맥주 스타일	Stout	초기비중(Original Gravity)	1.064
	양조 방법	All Grain	최종비중(Final Gravity)	1.016
	배치 사이즈	19ℓ	알코올 도수(ABV)	6.5%
	Boil Time	60분	쓴맛의 정도(IBU)	-
	발효 온도	20°C	맥주 색깔(SRM)	-

구분	제품	양	방법 및 시간
몰트(Malt)	페일 몰트(2-row)	4.5kg	Mash
	뮤닉 몰트	500g	Mash
	카라멜 60°L	150g	Mash
	카라멜 120°L	150g	Mash
	로스티드 발리	150g	Mash
	초콜릿 몰트	230g	Mash
홉(Hop)	매그넘 홉 12% AA	14g	Boil 60min
	캐스케이드 홉 5.5% AA	14g	Boil 30min
	캐스케이드 홉 5.5% AA	28g	Boil 0min
효모(Yeast)	Wyeast 1056 혹은 White Labs WLP001 혹은 Safale S-05		
기타 첨가물	1 tsp Irish moss	1t	Boil 15min
	거칠게 갈아둔 커피	57g	
참고사항	※ 당화 : 66°C에서 60분		

여러 곳에서 찾아낸 레시피를 바탕으로 재구성한 레시피는 위의 표와 같다. 실제로 수년간 수제맥주 아카데미를 진행하면서 교육생들과 함께 만들면서 수정을 거듭한 끝에 완성한 레시피이기도 하다.

커피 스타우트에선 첨가물인 커피가 핵심이다. 이 맥주에 커피를 넣는 방법은 다음 세 가지이다.

❶ 콜드 브루(cold-brew) 커피 투입

분쇄한 커피를 망에 넣은 다음 커피 28g : 물 237㎖ 비율(19ℓ 배치사이즈에는 커피 57g : 물 473㎖)로 병에 넣고 뚜껑을 단단히 닫은 다음 18~20시간 냉장 보관을 한다(물은 상온 상태의 물을 사용한다). 그런 다음 찌꺼기는 버리고 콜드 브루 커피를 1차 발효가 끝난 후 넣어 준다.

❷ 갈아놓은 커피 그대로 투입

거칠게 갈아놓은 커피가루(19ℓ 배치사이즈에는 커피 57g)를 그대로 넣으려면 보일링 끝나기 2분전에 넣는다. 이때 다시백이나 홉망을 이용하면 찌꺼기를 거르기가 편하다.

❸ 더치커피 투입

시중에서 판매하고 있는 더치커피를 넣을 수도 있다. 가장 간단한 방법이지만 더치커피 특유의 향이 배어나올 수도 있어 세 가지 방법 중 위의 두 가지 방법을 쓸 수 없을 때 부득이하게 사용하면 된다.

이때는 특히 넣는 더치커피 양을 주의해야 한다. 양이 적어 보여도 커피 향을 내는데는 부족하지 않다. 과하면 커피를 좋아하는 사람도 맥주를 마시는데 부담이 될 수 있다. 20ℓ 배치에 150㎖ 정도를 1차 발효 후 투입한다. 병입을 하기 전 통갈이를 하고 더치커피를 넣으면 병입하기 훨씬 편해진다.

2. 호피 세종(Hoppy Saison)

세종(Saison)은 프랑스어로 영어 단어 Season(계절)과 같은 뜻이다. 예전에 프랑스문화권인 벨기에 남부 왈롱지역에서 농부들이 마시는 농주에서 시작되었다는 설이 있다. 세종을 팜하우스에일(Farmhouse Ale)이라고 하는 이유다. 봄이 시작되면서 맥주를 만들기 시작해서 여름동안 마시기 위한 맥주로 처음엔 알코올도수도 낮았다. 처음엔 우리나라 막걸리처럼 정해진 레시피도 없었고 있는 재료들로 마시기 편하게 만든 맥주여서 다양하게 만들어졌다. 다만 농사일을 하면서 마시기 쉽게 알코올도수가 낮고, 여름을 지나는 동안 보관을 해야 했기에 오염을 막기 위해 홉향이 강한 것이 특징이다.

세종은 유럽 몰트와 홉으로 두드러진 맛과 향은 아니어서 다른 홉이나 부재료를 넣어 응용하기 좋은 맥주이기도 하다. 미국 브루클린 브루어리(Brooklyn Brewery)의 소라치 에이스(Sorachi Ace)나 뉴질랜드의 에잇와이어드 브루잉(8 Wired Brewing)의 세종 소빈(Saison Sauvin)은 각각 어메리칸 홉과 뉴질랜드 홉을 넣어 변형시킨 세종이다.

모시모시 세종(MoCi-MoCi Saison)은 특정한 스타일의 맥주는 아니다. 모자익 홉과 시트라 홉을 넣은 호피(Hoppy)한 세종이기에 부르기 쉽게 임의로 붙여놓은 이름이다. 이 레시피 역시 전통 벨기에 세종이 아니라 소라치 에이스 혹은 세종 소빈 등의 호피 세종(Hoppy Saison) 클론 레시피를 참조했다. 수제맥주 아카데미에서 수강생들과 몇 번 만들어보면서 수정에 수정을 거듭한 끝에 완성한 레시피이기도 하다. 모자익과 시트라 홉 특유의 열대과일을 떠올리게 하는 자몽과 멜론의 향미가 세종 특유의 풍미와 잘 어울린다.

당화는 66~67℃에서 60분간 진행한다. 콘 슈가는 맥즙이 끓기 직전에 조금씩 천천히 저어가면서 첨가한다. 한꺼번에 급하게 넣으면 타서 바닥에 눌러붙을 수도 있어서다. 발효는 초기 48시간 정도는 24℃를 유지하다가 이후 이 온도를 유지하거나 조금 높여주는 것이 좋다.

MoCi-MoCi Saison

Beer Stats				
	맥주 스타일	Hoppy Saison	초기비중(Original Gravity)	1.056
	양조 방법	All Grain	최종비중(Final Gravity)	1.010
	배치 사이즈	19ℓ	알코올 도수(ABV)	6.3%
	Boil Time	60분	쓴맛의 정도(IBU)	–
	발효 온도	24℃	맥주 색깔(SRM)	–

구분	제품	양	방법 및 시간
Malt	2-row brewer's malt	2kg	Mash
	Rye(호밀) malt	800g	Mash
	wheat malt	1kg	Mash
	Pilsener malt	1kg	Mash
Hop(홉)	매그넘, 13% AA	5g	60min
	Mosaic, 11~14% AA	28g	10min
	Citra, 13% AA	28g	10min
	Mosaic, 11~14%	14g	0min
	Citra, 13%	14g	0min
Yeast(효모)	Wyeast 3711 프렌치 세종, Belle Saison 등 세종용 효모		
기타 첨가물	콘 슈가	100g	보일링 전
	아이리쉬 모스	1t	10min
	효모 영양제	0.5t	10min
	고수 씨앗(분쇄)	10g	5min
참고사항	※ 당화 : 66℃ 60분 ※ 발효 : 24℃에서 48시간 후 온도 유지.		

🍺 재미있는 맥주이야기 🍺

세종(Saison)

세종(saison)은 벨기에 남부 왈롱(Wallon)지역의 농민들이 농한기인 겨울에 만들어 농번기인 여름까지 마시던 맥주다. 벨기에식 농주(農酒)로 우리나라의 막걸리 쯤 된다.

세종(saison)은 프랑스어로 영어 '시즌(Season, 계절)'과 같은 의미다. 이 지역 여름철 온도는 에일 맥주 발효 온도인 18~25℃보다 웃돌았다. 맥주를 보관하고 발효시키는 저온저장 시설이 부족했던 터라 여름 농번기에 마시기위해서는 늦은 겨울이나 봄에 맥주를 양조했다.

원래는 농번기에 마시던 맥주여서 취하지 않게 알코올도수 3% 정도인 저알코올 맥주였다. 이후 이 맥주가 상품화되면서 5~7%대로 높아졌다.

농부들이 양조하던 맥주여서 영어권 국가에서는 이 맥주를 '팜하우스에일(Farmhouse Ale)'이라고도 한다. 특히 미국에서의 팜하우스에일(Farm House Ale)은 농장에서 만드는 다양한 세종스타일의 맥주를 말한다.

02
맥주 레시피 설계 원칙

    이젠 나만의 맥주를 만들어 보자. 클론 레시피를 활용하는 것은 좀 더 쉽게 다른 사람들이 만든 맥주를 따라 만들 수 있다는 장점이 있다. 많이 알려진 맥주일수록 클론 레시피가 공개되어 있을 확률이 높다. 이 말은 세계 유명 맥주들은 거의 대부분 내가 직접 따라 만들어 볼 수 있다는 말이다.

    클론 레시피는 분명 맥주에 흥미를 느끼고 자신감을 심어주는 훌륭한 방법임에는 틀림없다. 하지만 여기에서 그친다면 나 자신만의 맥주를 만드는 데는 한계가 있을 수밖에 없다. 클론 레시피를 토대로 맥주 스타일과 특징을 익히고 스타일별로 주로 사용하는 몰트와 홉 등 재료사용에도 낯설지 않아야 한다. 이렇게 계속 맥주를 만들어 보면서 양조기술도 다듬어져 가는 것이다.

맥주 레시피를 짠다는 것은 결코 쉬운 일은 아니다. 하지만 이를 빼놓고 양조 실력을 다진다는 것은 어불성설이다. 차근차근 레시피를 만들어 보자.

1. 재료의 계량 단위를 익혀라

맥주의 레시피를 익히려면 미국에서 사용하는 무게 단위와 부피 단위에 익숙해져야 한다. 새로운 스타일의 맥주들이 미국에서 쏟아져 나오기도 하지만 참조할 만한 맥주 레시피가 대부분 미국의 인터넷 사이트에 있기 때문이다.

홉의 무게, 특히 펠렛 형태의 홉의 무게를 재는 계량 단위는 7g, 14g, 28g, 56g을 많이 쓴다. 이는 미국에서 사용하는 무게단위인 1온스=28g이기 때문이다.

몰트의 무게는 680g, 450g, 220g, 113g을 주로 쓴다. 이는 각각 1.5파운드(lb), 1파운드, 0.5파운드, 0.25파운드이다. 물론 6.8kg(15 lb) 등으로도 사용한다.

배치 사이즈는 한 번에 만드는 맥주의 양을 의미한다. 미국의 레시피 사이트를 이용하다보면 19ℓ와 23ℓ 배치사이즈가 많다. 19ℓ는 5갤런(gal)이고(정확하게는 5갤런=18.9ℓ) 23ℓ는 6갤런(정확하게는 6갤런=22.7ℓ)이다.

> 🍺 **재미있는 맥주이야기** 🍺
>
> **수입맥주 캔은 왜 용량이 473㎖인가?**
>
> 국내에 수입되는 맥주 캔의 용량은 500㎖도 있지만 대부분 473㎖이다. 왜 그럴까?
> 미국은 부피 단위로 파인트(Pint)를 사용한다. 1파인트는 1갤런의 8분의 1이다. 영국에서는 0.57ℓ, 미국에서는 0.47ℓ에 해당한다. 기호는 pt. 캔의 용량 473㎖는 1파인트이다.

2. 맥주 레시피의 기본을 알아야

맥주 스타일 별로 베이스몰트와 특수몰트의 사용 비율이 다르다. 가장 기본이 되는 비율은 베이스몰트 85% 이상, 특수몰트는 10%, 그 외 다른 곡물과 부가물은 5% 이하를 차지한다.

미국식 페일에일을 대표하는 시에라네바다 브루잉 컴퍼니 (Sierra Nevada Brewing Company)의 페일 에일(Pale Ale)의 레시피를 예를 들어 보자. 19ℓ 배치사이즈의 레시피엔 베이스몰트인 2-row 페일몰트가 4.7kg과 특수몰트인 카라멜 몰트(로비본드 60) 0.45kg이 사용된다. 베이스 몰트 90% + 특수몰트 10% 비율이다.

5월 이전 선선할 때 양조해서 농사일이 끝날 때까지 마시는 세종(Saison)은 베이스 몰트인 필스너 몰트 92% + 특수몰트 비엔나 몰트 8% 정도의 비율이다. 세종에는 밀 몰트가 들어가기도 하는데 이때는 베이스몰트 87% + 특수몰트 8% + 밀몰트 5% 정도의 비율로 몰트 빌(Malt Bill, 몰트 청구서)을 작성하면 된다.

바이젠(Weizen)은 베이스몰트 40~50% + 밀 몰트 50~60%의 구성이다.

이 기본 몰트빌을 바탕으로 특수몰트와 부가물을 적절하게 추가하면서 나만의 레시피를 만들어가면 된다.

3. 효모에 따라 특징이 달라진다

맥즙을 만드는 건 사람이지만 이 맥즙으로 맥주를 만들어내는 건 효모이다. 효모의 역할이 그만큼 크다는 말이다. 에일 맥주의 맛과 향을 내기 위해 아무리 거기에 맞는 재료를 준비했다고 하더라도 라거 효모를 쓸 수는 없다. 에일 맥주와 라거 맥주를 가르는 가장 특징적인 재료는 효모이기 때문이다.

효모는 벨기에 효모, 영국 효모, 미국 효모 등 국가에 따라서 발효력과 특징에 차이가 있다. 또 각각 드러내는 풍미나 향도 다르다. 또 맥주 스타일 별로 사용하는 효모도 다르기 때문에 각기 어떤 특징과 맛이 나는지 정리를 해놓을 필요가 있다. 물론 맥주 재료 키트를 사면 효모가 포함되어 있어 고민할 필요가 없다.

4. 대체 몰트, 대체 홉을 활용하자

완전곡물 방식으로 양조할 때 당장 필요한 홉을 구할 수 없을 경우도 있다. 이럴 때는 비슷한 특징을 지닌 다른 홉으로 대체해야 한다. 몰트와 효모도 마찬가지다.

홉은 쓴맛을 내기 위한 용도와 아로마를 위한 홉 등으로 구분을 한다. 구입하려는 홉 생산지와 비슷한 지역의 홉 중에서 용도가 같은 홉을 고르면 된다.

이때 참고할 만한 내용이 홉의 알파산(AA) 퍼센티지이다. 알파산 퍼센티지는 숫자로 나타내며 판매되고 있는 홉은 대부분 이를 표시하고 있다. AA와 쓴맛을 나타내는 단위인 IBU는 비례한다. AA 수치가 높을수록 IBU도 높다. IBU를 높이려면 오래 끓여도 되고, 더 많은 양의 홉을 넣어줘도 된다.

몰트도 대체가 가능하다. 맥주 레시피를 어렵게 만들거나 구해서 재료를 구입할려고 보니 정작 원하는 몰트가 없거나 품절인 경우가 종종 있다. 이럴 땐 당황하지 말고 대체몰트를 구하면 된다. 대체몰트는 '몰트대치표'의 형태로 인터넷에서 쉽게 자료를 구할 수 있다.

예를 들면 페일몰트(2-row)는 필젠(Pilsen) 몰트로, 페일에일 몰트는 마리스 오터(Maris Otter)로 대체할 수 있다. 또 크리스탈 120°L은 카라아로마(CaraAroma) 혹은 스페셜B 몰트로 대체하면 된다. 마찬가지로 블랙 몰트는 블랙 페이턴트(Black Patent), 카라파 Ⅲ(Carafa Ⅲ) 등과 내체가 가능하다.

효모도 내가 원하는 때에 원하는 종류가 없는 경우가 많다. 특히 미리 사두고 보관하는 것도 마땅찮아서 그때그때 필요할 때마다 구입해야 하는 효모는 품절이라는 안내가 뜨면 당장 그만두고 싶을 정도로 실망이 크다.

해결방법은 대체효모를 쓰는 것이다. SafAle US-05 Ale Yeast(Dry)와 White Lab - WLP001 California Ale Yeast 그리고 Wyeast 1056은 같은 효모로 보면 된다.

03
클론 레시피 응용 사례

　클론 레시피를 찾아 몇몇 유명 맥주를 만들어 보자. 이는 재미있게 맥주를 만드는 한 방법이기도 하다. 직접 만든 맥주와 시중에서 판매되고 있는 같은 맥주를 사와서 비교 시음해보는 재미도 쏠쏠하다. 물론 똑같은 레시피를 가지고도 당화와 라우터링, 스파징 과정을 거치며 맛이 달라질 수 있다. 특히 맥주는 효모가 만드는 것이기 때문에 발효 조건에 따라 맥주는 큰 차이가 날 수도 있다.

　그럼에도 클론 레시피는 훌륭한 맥주교과서 역할을 해낸다. 다음은 위에서 언급한 방법대로 클론 레시피를 찾아 조금씩 상황에 맞게 수정한 것이다. 자가양조자 입장에서 일부 구하기 어려운 몰트와 홉, 효모는 가장 유사한 특징을 보이는 몰트와 홉, 효모로 대체했다.

물론 이 레시피대로 직접 양조를 해보았고 아카데미 수강생들과도 몇 번씩 만들어보았기 때문에 실습용 자가양조 레시피로도 사용할 수 있을 것이다. 레시피는 한 눈에 보기 쉽게 하나의 표로 정리했다.

🍺 재미있는 맥주이야기 🍺

발틱 포터(Baltic Porter)

발트해 연안국가들이 추운 환경을 고려해 하면발효 효모를 사용해 만든 포터(Porter)이다.

포터(Porter)는 18~19세기 영국에서 북유럽의 에스토니아, 라트비아, 리투아니아 등 발트해 연안 국가로 수출하던 맥주이다. 영국에서 이들 국가까지 운송하는 도중 맥주의 맛을 유지하기 위해 홉을 많이 넣었고 도수도 높아졌다. 단맛 뿐 아니라 쓴맛까지 있는 맥주였다.

이후 페일에일이나 라거 맥주에 밀려 영국에서 포터의 수출 물량이 급감하자 발트해 연안 국가들은 자체적으로 포터를 생산하기 시작했다. 이 맥주가 발틱 포터이다.

포터는 상면발효를 하는 에일효모로 만든 맥주였다. 하지만 발틱 포터는 발트해 연안 국가들의 추운 날씨를 고려해 하면발효를 하는 라거효모를 사용했다. 라거효모를 사용하면 발효온도를 낮출 수 있기 때문이었다.

대신 포터가 가지고 있던 기본 속성인 카라멜, 초콜릿, 커피 맛 등은 그대로 유지했다.

발틱 포터는 임페리얼스타우트와 함께 대표적인 고도수 맥주이다. 추운 겨울철 몸을 따뜻하게 해주는 맥주라는 의미에서 윈터워머(Winter Warmer) 맥주라고도 한다.

[계속]

🍺 재미있는 맥주이야기 🍺

대신 발틱 포터는 임페리얼 스타우트에 비해 쓴맛과 향이 약하다.
대체로 12~16℃ 정도의 온도가 이들 맥주의 맛과 향을 가장 잘 느낄 수 있는 온도다.
에스토니아의 뽀할라(Pŏhjala Brewery)에서 만든 발틱 포터들이 대표적이며 국내에서도 수입되어 판매되고 있다.

1. 둔켈 바이젠

Dunkelweizen				
Beer Stats	맥주 스타일	Weizen	초기비중(Original Gravity)	1.050
	양조 방법	All Grain	최종비중(Final Gravity)	1.012
	배치 사이즈	19ℓ	알코올 도수(ABV)	5.3%
	Boil Time	90분	쓴맛의 정도(IBU)	15
	발효 온도	17℃	맥주 색깔(SRM)	18

구분	제품	양	방법 및 시간
Malt	밀 몰트	2.7kg	Mash
	뮤닉 몰트	1.8kg	Mash
	카라뮤닉 III(Weyermann)	250g	Mash
	카라파 II(Weyermann)	150g	Mash
Hop(홉)	할러타우 트러디션홉	28g	60min
Yeast(효모)	WhiteLabs WLP300 혹은 WB-06 Wheat Dry Yeast		
참고사항	※ 당화 : 68℃ 60분, 매시 아웃 : 76℃　※ 발효온도 17℃		

Dunkelweizen

Beer Stats	맥주 스타일	Weizen	초기비중(Original Gravity)	1.050
	양조 방법	부분곡물	최종비중(Final Gravity)	1.013
	배치 사이즈	19ℓ	알코올 도수(ABV)	5.1%
	Boil Time	60분	쓴맛의 정도(IBU)	15
	발효 온도	17℃	맥주 색깔(SRM)	15

구분	제품	양	방법 및 시간
Malt	Wheat LME	2kg	
	Amber LME	1kg	
	카라뮤닉 Ⅲ	250g	우려내기
	카라파 Ⅱ(Weyermann)	150g	우려내기
Hop(홉)	할러타우 트러디션홉	28g	60min
Yeast(효모)	WhiteLabs WLP300 혹은 WB-06 Wheat Dry Yeast		
참고사항	※ 우려내기 : 77℃ 물 2ℓ에 곡물을 담고 30분 우려낸다. ※ 우려낸 물에 다른 물을 추가해서 22ℓ 확보(비중 1.043) ※ LME를 녹이고 60분 끓인다. ※ 발효온도 17℃가 중요 포인트		

2. 오트밀 스타우트(Oatmeal Stout)

오트밀 스타우트는 귀리(Oat)를 넣은 스타우트이다. 일정양의 귀리를 넣은 맥주는 곡물 특유의 고소함과 부드러운 질감을 느낄 수 있다. 사용된 총 곡물량의 5~10%를 사용한다.

오트밀 스타우트는 부드러운 맛과 향 때문에 대부분의 사람들이 즐겨 마실 수 있는 맥주이다.

Oatmeal Stout				
Beer Stats	맥주 스타일	Stout	초기비중(Original Gravity)	1.060
	양조 방법	All Grain	최종비중(Final Gravity)	1.014
	배치 사이즈	20 ℓ	알코올 도수(ABV)	6.3%
	Boil Time	60분	쓴맛의 정도(IBU)	40
	발효 온도	19℃	맥주 색깔(SRM)	34
구분	제품		양	방법 및 시간
Malt	마리스 오터 몰트		2.3kg	Mash
	뮤닉 몰트 10°L		1.4kg	Mash
	플레이크드 오트		450g	Mash
	클레이크드 발리		450g	Mash
	초콜릿 몰트		450g	Mash
	블랙 Patent		220g	Mash
	크리스탈 80L		220g	Mash
	미드나잇 위트		220g	Mash
Hop(홉)	노던 브루어		28g	60min
	이스트켄트 골딩		28g	15min
	퍼글		28g	드라이호핑
기타 첨가물				
Yeast(효모)	Irish Ale(Wyeast 1084) or Wyeast 1318 (London Ale III)			
참고사항	※ 매시 인 : 76℃ ※ 당화 : 68℃, 60분 ※ 보일링 후 19℃까지 식힌다.			

오트밀은 귀리를 납작한 형태로 눌러놓은 것이다. 볶거나 오븐에 구워내서 사용하면 더 좋다. 구울 때는 오븐용 종이 위에 귀리를 깔고 호일로 덮은 후 180℃에서 황금색으로 될 때가지 구우면 된다. 이때 5분마다 한번씩 저어준다. 이렇게 오븐에 구워 놓으면 맥주에서 너티함과 빵향이 증가된다.

3. 벨지안 밀맥주(Belgian Witbier)

벨지안 윗에일처럼 밀이 50% 정도 포함된 몰트를 당화하고 라우터링, 스파징을 할 땐 당화조 안의 스크린이 막혀 어려움을 겪을 수 있다. 이럴 때 왕겨를 조금 넣어주면 이 문제를 해결할 수 있다. 다만, 곡물의 껍질이기 때문에 껍질이 함유하고 있는 탄닌 성분 때문에 많이 사용할 경우 맥주에서 떫은맛이 날 수도 있다.

또 밀이 많이 들어간 곡물은 50℃에서 15~20분 정도를 유지해주는 프로틴레스트와 당화 후 77℃에서 15분간 유지시켜주는 매쉬아웃을 해주는 것을 권장한다.

당화는 68℃에서 60분, 발효는 초기 2~3일은 20℃를 유지해주고 이후 서서히 온도를 22℃ 정도로 올려 주는 것이 좋다.

벨지안 윗에일에는 향이 비교적 강한 미국식 홉은 어울리지 않는다. 오렌지와 레몬 껍질은 맥주재료를 판매하는 인터넷사이트에서 구입을 해도 되지만 가정에서 평소에 레몬껍질을 말려서 보관해뒀다가 사용해도 된다. 이때 껍질 안쪽 흰 속은 쓴맛이 나기 때문에 말리기 전에 제거해준다. 또 레몬이나 오렌지, 감귤 등의 껍질은 제스터를 이용해서 깎아내어도 좋다.

Belgian Witbier

Beer Stats				
	맥주 스타일	Witbier	초기비중(Original Gravity)	1.050
	양조 방법	All Grain	최종비중(Final Gravity)	1.012
	배치 사이즈	19ℓ	알코올 도수(ABV)	5.2%
	Boil Time	90분	쓴맛의 정도(IBU)	20
	발효 온도	20~22℃	맥주 색깔(SRM)	4

구분	제품	양	방법 및 시간
Malt	필스너 몰트	2.2kg	Mash
	flaked wheat	2kg	Mash
	flaked oats	500g	Mash
	멜라노이딘 몰트	150g	Mash
	왕겨	227g	
Hop(홉)	할러타우 4.2%AA	28g	60min
	신선한 오렌지 · 레몬 껍질	40g	5min
	으깬 코리앤더 씨	10g	5min
	캐모마일꽃	티백 3개	5min
Yeast(효모)	White Lab WLP400(Belgian Wit Ale)		
참고사항	※ 당화 : 68℃, 60~90분 ※ 스파징 : 77℃		

코리앤더 씨앗은 으깨어서 넣는다. 숟가락으로 꾹꾹 눌러가면서 으깨는 방법이 제일 간편하다. 캐모마일 꽃차를 사용할 때는 티백 자체의 냄새가 우려나올 수 있기 때문에 뜯어서 꽃만 넣어야 한다.

4. 러시안 임페리얼 스타우트

풀바디의 풍미를 가진 러시안 임페리얼 스타우트는 보통의 임페리얼 스타우트보다 강도도 훨씬 강하다. 몰트빌은 베이스몰트 75% + 특수 몰트 25% 가량이다. 특수 몰트는 카라멜 몰트, 초콜릿 몰트 외에 로스트 몰트가 대부분을 차지해 바디감 뿐 아니라 다양한 풍미를 제공해준다.

쓴맛과 균형을 맞추기 위해 단맛도 강한 편. 때문에 맥주에 잔당이 남을 수 있도록 당화온도는 67℃를 유지해준다.

발효온도도 중요하다. 19℃에서 발효를 시작해서 7일동안 이 온도를 유지를 해주고 이후 21℃까지 온도를 올려 1차 발효를 끝낸다.

이 러시안 임페리얼 스타우트는 수제맥주 아카데미에서 겨울맥주용으로 자주 공동양조를 해오면서 인기를 끌었던 레시피이다. 실제로 같은 스타일의 맥주인 노스 코스트 브루잉(NORTH

COAST BREWING)의 올드 라스푸틴(Old Rasputin)을 만들어 보기도 했지만 이보다 선호도가 높은 편이었다.

	Russian Imperial Stout			
Beer Stats	맥주 스타일	임페리얼 스타우트	초기비중(Original Gravity)	1.092
	양조 방법	All Grain	최종비중(Final Gravity)	1.020
	배치 사이즈	19ℓ	알코올 도수(ABV)	9.8%
	Boil Time	60분	쓴맛의 정도(IBU)	
	발효 온도	19℃	맥주 색깔(SRM)	

구분	제품	양	방법 및 시간
Malt	페일 몰트(2-row)	6.8kg	Mash
	초콜릿 몰트	450g	Mash
	로스티드 발리	230g	Mash
	블랙(페이던트) 몰트	350g	Mash
	카라멜/크리스탈 몰트 90°L	450g	Mash
	데메라라 슈가(비정제 원당)	450g	보일링 전
Hop(홉)	너겟 홉 13% AA	56g	Boil 60min
	퍼글 홉	28g	Boil 5min
	센테니얼 홉	14g	Boil 0min
Yeast(효모)	White Labs WLP002 (English Ale) Wyeast 1968(London ESB) 혹은 White Labs WLP001		
기타 첨가물	효모영양제	0.5tsp	Boil 10min
	아이리쉬 모스	1tsp	Boil 15min
참고사항	※ 효모와 산소를 충분히 공급해 비교적 오래 발효 ※ 보일링 후 18℃로 식혀준 후 효모 투입		

5. IPA

IPA는 자가양조자라면 누구나 한 번 이상 만들어보는 맥주다. 레시피대로 따라 만들면 실패할 확률도 적고 맥주의 맛과 향도 수제맥주답기 때문이다.

India Pale Ale

Beer Stats				
	맥주 스타일	IPA	초기비중(Original Gravity)	1.064
	양조 방법	All Grain	최종비중(Final Gravity)	1.014
	배치 사이즈	19ℓ	알코올 도수(ABV)	6.8%
	Boil Time	60분	쓴맛의 정도(IBU)	–
	발효 온도	20℃	맥주 색깔(SRM)	10

구분	제품	양	방법 및 시간
몰트(Malt)	2-row 페일 몰트	5.4kg	Mash
	뮤닉몰트	500g	Mash
	카라멜 몰트 20°L	450g	Mash
	카라필스	230g	Mash
홉(Hop)	워리어 홉	28g	Boil 60min
	센테니얼 홉	28g	Boil 15min
	심코 홉	28g	Boil 0min
	시트라 홉	28g	드라이호핑
효모(Yeast)	Safale US-05 혹은 White Labs WLP001(California Ale)		
기타 첨가물	Irish moss	1tsp	Boil 15min
	효모영양제	0.5tsp	Boil 15min
참고사항	※ 당화 : 68℃에서 60분 ※ 매쉬아웃 : 76℃에서 5분		

👉 재미있는 맥주이야기 👈

IPA의 진화

사람이 마시는 술인데 스토리가 없는 술이 어디 있으랴. IPA도 재미있는 스토리가 있다. 영국이 인도를 식민지배하고 있었던 18세기, 많은 영국인들이 인도에서 생활하고 있었다. 당연히 맥주도 마셨을 터. 영국에서 맥주를 배에 싣고 인도까지 보내는 뱃길은 무척 길고도 더뎠다. 배는 영국에서 출발해 아프리카 대륙 남단(남아프리카공화국)을 돌아 인도까지 갈 수밖에 없었다. (1869년에 수에즈운하가 개통되어 지금은 지중해-홍해를 거쳐 지름길로 가는 항로가 있다)

그러다보니 시간도 오래 걸렸고 더군다나 무더운 적도를 두 번이나 통과해야 했다. 지금처럼 냉장기술이 있었던 것도 아닌지라 맥주는 변질되기 일쑤였다.

당시 영국에선 페일 에일(Pale Ale)이 유행이었다. 페일 에일(Pale Ale)의 pale은 '색이 옅다'는 뜻이다. 이 페일에일에 방부효과가 있는 홉을 많이 넣고 알코올도수를 높인 맥주를 새로 만들어 인도로 보내게 되었다. 이 맥주가 IPA이다. 페일에일 앞에 India를 붙였다. 이후 영국으로 돌아온 사람들이 인도에서 마셨던 이 맥주를 잊지 못해 일부러 이 맥주를 만들기 시작하면서 점차 해외로도 알려지게 되었다.

IPA가 미국으로 건너가면서 다양해지기 시작했다. 미국의 다양한 홉 개발 기술과 생산이 뒷받침이 되었다. 단맛 대신 쓴맛이 강조되고 홉에서 나오는 자몽, 레몬, 오렌지 등의 과일향(시트러스 향)과 솔향(파이니향)이 강한 것이 특징이다. 홉의 특성이 극대화된 맥주로 갈수록 쓴맛도 강해졌다.

이 맛에 중독되고 익숙해지려 하자 곧 또 다른 IPA의 세계가 펼쳐졌다. 더블IPA, 세션IPA, 트리플IPA, 뉴잉글랜드IPA 등등이다. 실제로 IPA는 소비자들의 입맛에 맞춰 이렇게 진화해왔다.

임페리얼IPA(Imperial IPA)라고도 하는 더블IPA(Double IPA)는 표준보다 알코올 도수가 높은 IPA이다. 홉을 더 많이 넣고 밸런스를 맞추기 위해 몰트도 더 넣어 알코올 도수가 높아졌다. 대부분 8%~9% 정도 된다. [계속]

🍺 재미있는 맥주이야기 🍺

세션IPA(Session IPA)는 IPA의 고유한 특징은 그대로 살리면서도 쓴맛과 알코올도수를 줄여서 특히 IPA에 부담을 느낀 여성들로부터 인기가 많았다.
트리플IPA(Triple IPA)는 기본 IPA보다 홉의 양을 3배 이상 더 넣어 만든 맥주다. 그만큼 홉의 풍미를 더 느낄 수 있다. 물론 쓴맛도 그만큼 강하다고 보면 된다. 알코올 도수는 10% 정도.
뉴잉글랜드IPA(NEIPA 혹은 뉴잉)는 맥주가 탁한 편이어서 'HAZY IPA'라고도 한다. 미국 북동부 지역 뉴잉글랜드에서 시작된 맥주다. 뉴잉의 가장 큰 특징은 쥬시(juicy)함이다. 열대과일의 홉향을 최대한 살리고 반면 쓴맛은 최대한으로 줄였다. 맥주를 마시는 순간 과일주스인가 싶을 만큼 과일향이 강하다. 홉 주스(Hop Juice)라 부를 만큼 상큼하고 마시기 좋으며 (drinkable) 부드러운 게 두드러진 특징이다. 반면 유통기한도 그만큼 짧은 편.

6. 바닐라 밀크 스타우트(Vanilla Milk Stout)

바닐라 밀크 스타우트는 홉의 느낌보다 몰트의 특징이 더 부각되는 맥주이다. 특히 유당(락토스)이 들어가서 알코올 도수는 높지만 아주 독특한 풍미를 주는 맥주여서 자가양조로도 꼭 한 번 만들어보라고 권할 만한 맥주이다.

바닐라 빈은 쪼갠 후 180㎖ 정도의 버번이나 럼에 담가 두었다가 2차 발효 때 넣는다. 병입하기 전에 1개월 정도 숙성시키면 더욱 풍미가 깊어진다.

Vanilla Milk Stout

Beer Stats				
	맥주 스타일	Milk Stout	초기비중(Original Gravity)	1.068
	양조 방법	All Grain	최종비중(Final Gravity)	1.016
	배치 사이즈	19ℓ	알코올 도수(ABV)	7.1%
	Boil Time	60분	쓴맛의 정도(IBU)	–
	발효 온도	20℃	맥주 색깔(SRM)	–

구분	제품	양	방법 및 시간
Malt	페일 몰트	3.2kg	Mash
	뮤닉 몰트	450g	Mash
	로스티드 발리	450g	Mash
	초콜릿 몰트(UK)	350g	Mash
	카라멜 60°L	350g	Mash
	카라멜 120°L	230g	Mash
	플레이크드 오트	230g	Mash
	락토스	450g	Boil 15min
Hop(홉)	매그넘 홉	14g	Boil 60min
	이스트켄트 골딩 홉	28g	Boil 10min
Yeast(효모)	Safale English Ale Yeast S-04		
기타 첨가물	효모 영양제	1/2tsp	Boil 15min
	월플럭(청징)	0.8g	Boil 15min
	마다가스카르 바닐라 빈	3개	2차 발효
참고사항	※ 매시 인 : 64℃ 20분 ※ 당화 : 66℃ 60분 ※ 매시 아웃 : 76℃ 10분		

18℃로 맥즙을 식히고 효모를 뿌린 다음 20℃에서 5일 발효, 이후 22℃에서 이틀간 발효온도를 유지해준다. 1차 발효가 끝나고 발효조 온도를 2℃ 이하로 식혀 홉과 효모찌꺼기를 걸러 소독한 새로운 통에 담은 후 바닐라 빈(버번 혹은 럼을 포함)을 넣고 1개월 정도 숙성시킨다.

7. 진저 라이 에일

60분간의 보일링이 끝나고 난 뒤 열원을 끄고 90℃~60℃ 사이의 맥즙에 홉이나 부재료를 투여하는 것을 홉 스탠드 혹은 월풀(whirlpool · 소용돌이)이라고 한다.

(사)한국맥주문화협회가 감수한 유안 퍼거슨의 책 'Craft Brew'에선 홉 스탠드는 따뜻한 맥즙에 홉을 넣어 식히는 동안 느긋하게 최대한의 아로마를 뽑아내는 방식이라고 설명한다. 이 책에서 설명하는 홉 스탠드의 시간은 10분~45분이다.

라임은 3개를 준비해서 껍질을 깨끗하게 씻은 다음 껍질을 칼로 깎아서 맥즙에 넣어준다. 이때 라임을 쥐어짜 즙도 함께 넣어주면 된다.

생강은 강판에 갈아서 준비해둔다. 드라이호핑 시기는 발효를 시작하고 나서 3~4일 후면 적당하다.

Ginger Rye Ale

Beer Stats				
	맥주 스타일	American pale ale	초기비중(Original Gravity)	1.054
	양조 방법	All Grain	최종비중(Final Gravity)	1.012
	배치 사이즈	19ℓ	알콜 도수(ABV)	5.8%
	Boil Time	60분	쓴맛의 정도(IBU)	–
	발효 온도	20℃	맥주 색깔(SRM)	–

구분	제품	양	방법 및 시간
Malt	페일 에일	4.5kg	Mash
	rye(라이) 몰트	680g	Mash
	크리스탈 40L	224g	Mash
	카라필스(덱스트린 몰트)	112g	Mash
기타	강판에 간 생강	112g	10min
	꿀	112g	5min
	라임	3개	홉 스탠드
첨가물	황산칼슘	1.1g	in the mash
	염화칼슘	2.7g	in the mash
Hop(홉)	매그넘	21g	60min
	시트라	14g	15min
Dry Hop	시트라	28g	발효시작 4일후
	강판에 간 생강	56g	발효시작 4일후
Yeast(효모)	Wyeast 1056 American Ale 혹은 Safale US-05		
참고사항	※ 당화 : 66℃ 60분		

8. 블랙 IPA

블랙IPA도 대체적으로 초보 자가양조자들이 좋아하는 레시피이다. IPA특유의 홉 향과 맛을 가지고 있으면서 색깔은 검은색이다. 다만, 스타우트 스타일의 무게감이나 질감은 크게 나타나지 않는 편이다.

블랙 IPA				
Beer Stats	맥주 스타일	IPA	초기비중(Original Gravity)	1.068
	양조 방법	Extract	최종비중(Final Gravity)	1.018
	배치 사이즈	20ℓ	알코올 도수(ABV)	6.8%
	Boil Time	60분	쓴맛의 정도(IBU)	51
	발효 온도	23℃	맥주 색깔(SRM)	-
구분	제품		양	방법 및 시간
Malt	페일LME		3.6kg	
	크리스탈 30°L		450g	우려내기
	덱스트린 몰트(카라필스)		450g	우려내기
	카라아로마		113g	우려내기
	초콜릿 라이		113g	우려내기
Hop(홉)	심코		28g	60min
	치눅		28g	10min
	캐스케이드		28g	5min
	캐스케이드		28g	0min
Yeast(효모)	Wyeast 1056 혹은 Safale US-05 Ale Yeast(dry)			
참고사항	※ 우려내기 : 71℃에서 30분			

PART V

차근차근 맥주 맛보기

01 라벨을 보면 맥주가 보인다
02 맥주를 맛있게 마시려면
03 맥주 시음
04 비어-푸드 페어링(Beer-Food Pairing)
05 맥주 관련 자격증
06 맥주로 만드는 칵테일

01
라벨을 보면 맥주가 보인다

맥주가 쏟아져 나오고 있다. 국내 생산 맥주는 물론이고 외국에서 수입되는 맥주의 스타일이나 브랜드도 너무 많아졌다. 병이나 캔맥주를 전문적으로 판매하는 바틀샵은 물론이거니와 대형마트에 진열되어 있는 맥주들 중에서 어떤 맥주를 골라 마셔야 할지 난감할 수밖에 없다. 그렇다 보니 이미 마셔본 맥주만 고르게 되고 새로운 맥주를 선택하자니 겁이 날 수밖에 없다.

이럴 땐 병맥주나 캔맥주의 라벨을 살펴보는 것이 가장 좋은 방법이다. 맥주의 기본정보가 모두 표시되어 있기 때문이다.

1. 맥주인가? 기타주류인가?

가장 먼저 살펴봐야 할 부분은 라벨에 적혀있는 '식품유형'이다. 당연히 맥주는 '식품유형 : 맥주'로 적혀 있다. 간혹 맥주인 줄 알고 사왔는데 나중에 보니 '식품유형 : 기타주류'로 적혀 있는 걸 발견할 수도 있다.

주세법 시행령에서 이야기하는 술의 종류는 술에 대한 세금을 거두기 위해 나눠놓은 분류이다. 종류에 따라 세금의 비율이 다를 뿐 실제로 소비자들은 크게 의식하지 않고 사마시는 경향이 있다.

맥주에 들어가는 전체 전분질 중량에서 맥아가 차지하는 함량이 10%이상이어야 맥주이다. 흔히 발포주라고 이야기하는 것들은 맥아함량이 9% 이하이다. 이들은 식품유형을 기타주류로 표시한다.

또 맥주의 발효와 제성 과정에 과실(과실즙과 건조시킨 과실 포함)을 첨가하는 경우에는 맥아와 녹말이 포함된 재료의 합계중량을 기준으로 20% 이하여야 맥주이다. 과실의 함량이 20% 이상이면 맥주가 아니라 기타주류이다.

소비자 입장에서는 맥주 가격에 미치는 영향이 크기 때문에 특히 민감한 부분이다. 기타주류는 맥주에 비해 훨씬 적은 세금을 부담하기 때문에 맥주가격도 싸다.

2. 라벨에서 얻을 수 있는 맥주 정보

라벨에는 식품유형 뿐 아니라 다양한 정보를 담고 있다. 원산지와 맥주 제조회사, 알코올함량, 제조일자 혹은 유통기한까지 표시되어 있다. 유심히 살펴볼 사항은 원재료명이다. 정제수, 보리맥아, 홉, 효모는 맥주의 기본재료이니 당연히 들어갔을테고 그 외 부재료들도 표시되어 있다. 생강이나 코코넛, 커피 등 뿐 아니라 맥주에 특별한 과일맛이 난다면 그 과일재료도 적어두고 있다. 패션푸르츠퓨레 혹은 패션푸르트향 등으로 표시한다.

3. 라벨 외 맥주 정보 읽기

정작 중요한 정보는 라벨이 아니라 맥주 병이나 캔에 따로 표시가 되어 있다. 이 맥주를 가장 맛있게 마실 수 있는 온도 뿐 아니라 어떤 음식과 잘 어울리는지, 어떤 특별한 재료를 사용해서 맥주를 양조했는지도 표시를 하는 경우가 많다.

대표적인 것이 시음온도이다. 맥주는 스타일에 따라, 혹은 재료에 따라 그 맥주를 마시기에 가장 적당한 온도가 있다. 대체적으로는 에일 맥주의 경우엔 10℃ 내외, 라거 맥주는 5℃ 내외다. 하지만 맥주에 따라 다양한 시음온도를 표시해두고 있다.

때론 이 맥주와 페어링하면 좋은 음식, 이 맥주와 어울리는 치즈 뿐 아니라 맥주와 잘 맞는 시가의 종류까지 적어놓기도 한다. 치맥(치킨+맥주), 피맥(피자+맥주) 외에 북맥(맥주를 마시며 읽기 좋은 책)이 있는 것처럼 말이다.

또 중요 재료들을 표시하기도 한다. 어떤 홉을 사용했는지와 어떤 특수재료를 넣었는지도 써놓았기 때문에 라벨과 이런 표시된 정보들만 잘 읽어보아도 맥주의 풍미 등을 짐작해볼 수 있다.

맥주와 관련된 스토리텔링을 적어놓은 경우도 많아 맥주 마시는 즐거움을 배가시키기도 한다.

▲ 캔맥주에 표시된 맥주 정보. 이 맥주와 어울리는 음식까지 표시를 했다.

이런 정보들을 바탕으로 내게 맞는 맥주, 내가 좋아하는 맥주를 선택할 수 있다. 알코올도수와 재료들을 꼼꼼히 살펴보는 것 만으로도 어느 정도는 알아맞힐 수 있기 때문이다. 여기에다 맥주가 담고 있는 스토리까지 알 수 있다면 맥주 마시는 즐거움 또한 만만찮을 것이다.

02 맥주를 맛있게 마시려면

1. 가장 맛있는 맥주 온도는?

흔히 지나치는 것 중 하나가 맥주는 무조건 시원하게 마셔야 한다는 것이다. 물론 무더운 여름, 한 잔 쭉 들이킬 때는 시원한 맥주만한 게 없다. 때문에 펍에서는 일부러 잔을 냉동실에 넣어 얼리거나 맥주살얼음을 잔 위에 얹어 주기도 한다. 이럴 경우 시원한 맛은 최고다. 하지만 시원한 걸 얻는 대신 다른 건 다 양보해야 한다. 얼얼할 정도의 맥주는 혀를 마비시킨다. 때문에 그 맥주가 가진 고유의 맛과 향은 전혀 느낄 수 없다.

맥주별로 마시기에 적절한 온도는 따로 있다. 시음온도라고 한다. 좀 심하게 말하자면 맥주를 마실 때 맛을 결정하는 가장 큰 요소가 시음온도이다. 시음온도는 맥주의 특성을 가장 잘 드러내는 요소이기 때문에 가능하면 그 온도에 맞춰 마시는 게 좋다.

▲ 임페리얼 스타우트의 맥주온도 표시. 적당한 서빙온도는 14~18℃이다.

크게 나누면 라거 계열의 맥주는 5℃ 정도, 에일 계열의 맥주는 10℃~15℃가 마시기에 최적의 온도다. 좀 더 세부적으로 보면 라거인 필스너의 경우 마시는 적정 온도는 5~7℃이다. 우리나라의 카스 혹은 하이트 역시 이 온도가 마시기에 가장 적당한 온도이다.

일반 가정집에 보관해둔 병맥주의 경우 식탁 위에 꺼내 두고 10분 정도 지난 후 마시면 이 온도 쯤 된다. 라거 맥주가 시원하게 벌컥벌컥 들이키는데 좋은 맥주이기에 이 정도 온도면 목에도 크게 무리가 가지 않는다. 겨울이면 이보다 2~3℃ 더 높은 온도가 적당하다.

에일 맥주의 경우는 적정 온도가 좀 더 높다. 벨기에 화이트 에일은 6~9℃, 쾰시는 9~12℃, 바이젠은 10℃ 내외, 페일에일과 브라운 에일은 11~14℃이다. 스트롱 에일은 더 높은 온도인 12~14℃, 발틱 포터는 12~16℃, 벨기에 트라피스트 수도원에서 만들기 시작한 두벨(Dubbel)은 14~16℃가 적정 온도이다.

심지어 진하고 알코올도수 높은 임페리얼 스타우트는 14~18℃일 때가 그 맥주의 맛과 향을 가장 잘 느낄 수 있는 온도이다.

▲ 가장 적합한 맥주잔의 종류와 가장 마시기 좋은 맥주온도가 표시되어 있다.

　미국 로스트 애비 양조장의 벨지안 다크 스트롱에일인 '저지먼트 데이'를 마실 때가 생각난다. 일단 스트롱에일이니까 10℃ 이상에서 마시기 위해 냉장고에서 맥주를 미리 꺼내뒀다. 다른 맥주를 마시다가 20여분이 지나 저지먼트 데이를 마셨는데 예상 외로 드라이하면서 꽤 날카로운 맛이었다. 그래도 명색이 쿼드루펠인데 맛이 왜 이럴까 의아스러웠다.

　의문은 750㎖ 병을 반쯤 비웠을 때부터 풀렸다. 그제서야 맛이 돌아왔다. 진한 풍미와 풀바디감, 그러면서도 부드러운 맛이 살아난 것이다. 시간이 흐르자 맥주 온도가 올라가면서 맛과 향이 확 살아난 것이었다.

　라벨을 살펴보니 'SERVING TEMP : 50-55°F'로 표시되어 있

다. 서빙온도를 섭씨로 환산하면 10℃-13℃정도였다. 냉장고에서 꺼내 최소한 40분은 지나야 되는 온도였다.

실제 맥주라벨을 잘 살펴보면 시음온도를 표시해둔 게 많다. 임페리얼 스타우트인 뽀햘라의 체리뱅어는 14~18℃, 역시 뽀햘라의 발틱 포터인 트위스티드 비스킷은 12~16℃, 포터인 뇌그너 포터는 10℃, 뽀햘라의 필스너인 필키는 6~10℃가 시음온도이다. 아메리칸 와일드 에일인 멜란지 no.9은 7℃가 적정 시음온도였다.

2. 맥주의 유통기한은?

가끔 냉장고를 정리하다가 고이 숨겨둔 맥주를 발견할 때가 있다. 김치 냉장고 깊숙이 넣어뒀다가 잊어버리는 경우다.

이럴 땐 5만원 지폐를 책갈피 속에 숨겨둔 후 잊어버리고 있다가 우연히 찾아낸 것처럼 기쁘다. 하지만 기쁨도 잠시, "아차!"하며 맥주유통기한을 확인하게 된다.

'맥주는 양조장 굴뚝 그늘 아래서 마셔야 제맛이다'라는 독일 속담이 있다. 양조장에서 나오는 맥주를 나오는 즉시 바로 그곳에서 바로 마셔야 가장 신선한 맥주라는 뜻이다. 병입을 하든, 캔입을 하든 맥주는 시간이 지날수록 탄산가스도 빠지고 맛과 향도 조금씩 변하기 때문이다. 공기 중의 산소에 노출되면 조금씩 산화되어 품질이 떨어지기도 한다.

이런 이유로 맥주도 유통기한이 있다. 하지만 병이나 캔에 표시된 유통기한을 채우고 마시는 경우는 거의 없다.

가끔 수입사나 바틀샵 등에서 유통기한 임박 맥주를 할인해서 판매하는 경우도 있기는 하다. 이럴 경우 그저 이 맥주를 한번 마셔본다는 의미가 아니라면 비록 싼 가격이라도 마셔보라고 권하고 싶지는 않다.

더욱이 홉의 향이 특별히 강조된, 한때 유행했던 뉴잉글랜드 스타일의 맥주라면 더욱 그렇다. 캔입 일자가 언제냐에 따라 하루하루 지날수록 맛이 떨어지기 때문이다.

▲ 최상품질기한을 표시해놓은 맥주

요즘은 펍에서도 캔 형태로 맥주를 테이크아웃을 하곤 한다. 그러나 아직까진 성능좋은 캔입 장비의 가격이 만만찮기 때문에 비교적 간단한 캔입 장비를 사용하고 있다. 캔입 일자가 맥주 맛과 향에 큰 영향을 끼칠 수밖에 없는 환경이다.

그래서 맥주에서는 유통기한보다는 '상미기한(賞味期限)'을 따진다. 상미기한은 간단하게 말하면 '가장 맛이 좋은 기간'이다. 냉장이든 상온이든 일정한 조건 하에서 품질이 저하되지 않고 안전성이 확보되면서 품질이 보존되어 맛을 보증할 수 있는 기간을 의미한다.

상미기한은 맥주로 따지면 양조자가 처음 의도한 맥주 본래의 맛을 유지할 수 있는 기한을 말한다. 맛있게 마시려면 이 기간 내에 마시라는 뜻으로 보면 된다. 상미기한이 지났다고 해서 마시지 못하는 건 아니다. 유통기한까지는 남아있기 때문이다.

다만, 상미기한 이후부터는 본래의 맛과 조금 달라질 수는 있음을 감안해야 한다.

한국은 공식적으로 '유통기한'을 표기한다. 유통기한은 소비자에게 판매할 수 있는 허용된 기한이자 제조업체가 식품의 품질과 안전을 보장하는 기한이다. 품질유지기한도 있다. 적절한 방법과 기준에 따라 보관할 경우 그 식품 고유의 품질이 유지될 수 있는 기한이다. 통조림 같은 장기보관식품이나 잼, 음료 등에서 사용한다.

일본은 식품에서 상미기한과 함께 반드시 지켜야하는 '소비기한'을 운영하고 있다. 소비기한은 해당기간 내에 소비하기를 권고하는 기한으로 식품을 소비자가 섭취해도 건강이나 안전에 이상이 없을 것으로 인정되는 기한이다.

미국도 유통기한(sell by date) 뿐만 아니라 섭취기한(use by date), 최상품질기한(best before date), 최상섭취기한(best it used by date) 등을 함께 표기한다. 소비자의 선택을 도와주기 위해서다.

우리나라는? 2023년 1월 1일부터 식품에 표시되는 유통기한은 실제 음식물 섭취가 가능한 기한인 소비기한으로 바뀐다. 2022년은 소비기한 표시제도를 준비하는 유예기간으로 운영했다.

유통기한을 표시하면 실제 제조업체에선 안전을 감안해 품질이 유지되는 기간보다 70% 정도로 짧게 정하는 게 대체적이다. 때문에 유통기한이 조금 지났더라도 먹어도 괜찮은 경우가 대부분이다. 하지만 유통기한이 지나면 무조건 먹지 못하는 것으로 인식해 버려지는 식품이 너무 많아 비경제적이라는 지적이 많았다.

결론적으로 맥주든, 식품이든 다음과 같은 과정을 거친다.

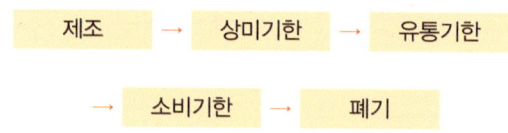

🍺 재미있는 맥주이야기 🍺

유통기한 임박 맥주 할인

싼 가격에 구입했다면 가능한 빨리 마시는 게 좋다. 특히 뉴잉 스타일의 맥주는 하루가 지날수록 맛과 향이 변하기 때문이다.

펍에서 테이크아웃용으로 주는 캔맥주

캔입 장비가 고가이기 때문에 저가의 장비를 갖춘 판매장이 대부분이다. 캔입 일자가 맥주의 맛과 향에 큰 영향을 끼친다. 역시 빨리 마셔야 한다.

3. 맥주는 전용잔에 마셔야 맛있다!

맥주의 재료는 크게 네 가지다. 몰트와 홉, 효모, 물이다. 맥주잔은 맥주의 제5의 재료라고 한다. 그만큼 중요하다는 말이겠다. 맥주는 재료의 배합과 제조 방식에 따라 모두 맛과 향이 다르다. 다양한 맥주의 맛을 제대로 즐기려면 그 맛과 향을 극대화시켜주는 전용잔을 써야 한다.

맥주 잔은 크게 두 종류로 나눈다. 라거 종류의 맥주를 마실 때 사용하는 잔은 길쭉하면서 입구가 좁다. 라거 맥주의 특징인 청량감과 탄산감을 극대화시켜주는 구조다. 맥주를 마시기 위해 잔을 기울이면 맥주가 혀를 거치지 않고 바로 목으로 들어가도록 되어 있다.

[그림 5-1] 맥주 유리잔

파인트 : Pint
잔의 위쪽이 큰 원통모양이다.
사용과 보관이 편해서 가장 많이 쓰이고
있는 맥주잔이다. 깔끔하고 시원한
목넘김의 라거에 잘 어울린다.

노닉 파인트 : Nonic Pint
파인트 잔의 위쪽에 볼록하게
튀어나오도록 만들었다.
잔의 끝부분이 마주치지않아
잘 깨지지 않고 보관하기에도 좋다.

플루트 : Flute
입구가 좁은데 비해 몸통이 굵다.
길쭉하면서 위쪽이 좁아 향이 잘
날아가지 않는다. 벨기에 람빅,
아메리칸 와일드 에일에 적합하다.

[그림 5-1] 맥주 유리잔

고블릿 : Goblet
코가 잔 속으로 들어가도록 위쪽이
넓어 맥주의 향을 잘 느낄 수 있다.
트라피스트 등 묵직한 벨기에 맥주를
마시기에 좋다.
잔과 받침을 연결하는 부위를 손으로
잡고 마신다.

필스너 : Pilsner
탄산이 많은 맥주에 적합하다.
맥주를 마시는 동안 탄산이 빠지지 않게
잔 모양이 길다. 카스나 하이트 등
라거맥주와 어울린다.
잔 아래에서 올라오는 기포를 눈으로
확인할 수 있다.

튤립 : Tulip
몸통이 넓고 위쪽으로 갈수록
좁아지다가 입구는 나팔 모양이다.
도수가 높거나 맥아를 강조한
더블IPA 등에 알맞다.
거품을 오래 유지시켜 주는 모양의
잔이다.

[그림 5-1] 맥주 유리잔

슈타인 : Stein
유리가 두꺼우면서 손잡이가 달려있다.
잔이 크고 입구가 넓어 많은 맥주를
담을 수 있다. 500㎖ 잔으로 많이
사용된다.

바이젠 : Weizen
위쪽이 볼록한 잔. 효모와 밀의
아로마를 잘 느낄 수 있다.
헤페바이젠 등 밀맥주와 잘 어울리며
거품도 풍성하게 얹을 수 있다.

사진=픽사베이

에일 종류의 맥주를 마실 때는 둥글고 입구가 넓은 잔을 사용한다. 에일맥주는 향과 맛이 진하고 깊다. 잔을 기울이면 코가 잔 안쪽으로 들어가 향을 가장 잘 느낄 수 있도록 디자인이 된 잔이다. 일반적인 잔 모양과 달리 맥주는 브랜드별로 전용잔이 따로 있다. 해당 맥주의 특성을 가장 잘 드러내도록 디자인된 잔이다.

4. 맥주도 장기 숙성이 가능할까?

맥주는 기본적으로는 숙성을 할 필요가 없다. 아니, 대부분은 바로 마시는 게 가장 좋다. 캔이든 병이든 맥주는 바로 따서 바로 마시기 좋은 상태로 출시되기 때문이다. 특히 홉이 강조된 맥주들(뉴잉글랜드 스타일 IPA 같은)은 구입 즉시 마시는 게 최상의 맛을 보는 방법이다. 아끼다가는 향이 사라진 맥주를 마실 수도 있다.

도수가 높은 맥주를 포함한 일부는 다르다. 몇 개월이 지나도 괜찮다. 시간이 지나면서 오히려 풍미가 깊어지기도 한다.

캔이나 병맥주의 유통기한은 대부분 6개월 이내이다. 하지만 맥주에서 중요한 건 오히려 상미기한이다. 가장 맛있는 상태를 유지하는 기간으로 보면 된다. 일부는 3개월 안에 마셔야 하는 것도 있다. 때문에 자칭타칭 맥덕이라면 캔맥주를 구입한 후 제일 먼저 캔을 뒤집어 밑바닥을 확인한다. 바닥에 유통기한이 표시되어 있어서다. 병맥주라면 라벨부터 확인하는 버릇이 있다. 캔입일자, 병입일자가 그만큼 맥주 맛이나 향에 끼치는 영향이 커서다.

뽀햘라의 사얀드(배럴 에이지드 임페리얼 라이 발틱 포터)의 유통기한을 살피다가 깜짝 놀란 적이 있다. 2118년 2월 24일로 표시되어 있었기 때문이다. 유통기한이 무려 100년이었다. 에스토니아 독립 100주년을 기념하여 만든 맥주여서 유통기한도 100년이다.

아메리칸 와일드 에일인 브루어리 테레(Bruery Terreux)의 멜란지(Melange) no.9의 유통기한 표기도 특이했다. '제조일로부터 120개월까지'. 10년이라 쓰면 될 걸 굳이 120개월로 표시한다.

멜란지 no.9은 알코올도수가 7.8%로 비교적 낮음에도 유통기한이 10년인 것은 아메리칸 와일드 에일이어서다. 아메리칸와일드에일은 미국 양조장들이 야생효모 및 박테리아로 발효하여 만든 맥주다.

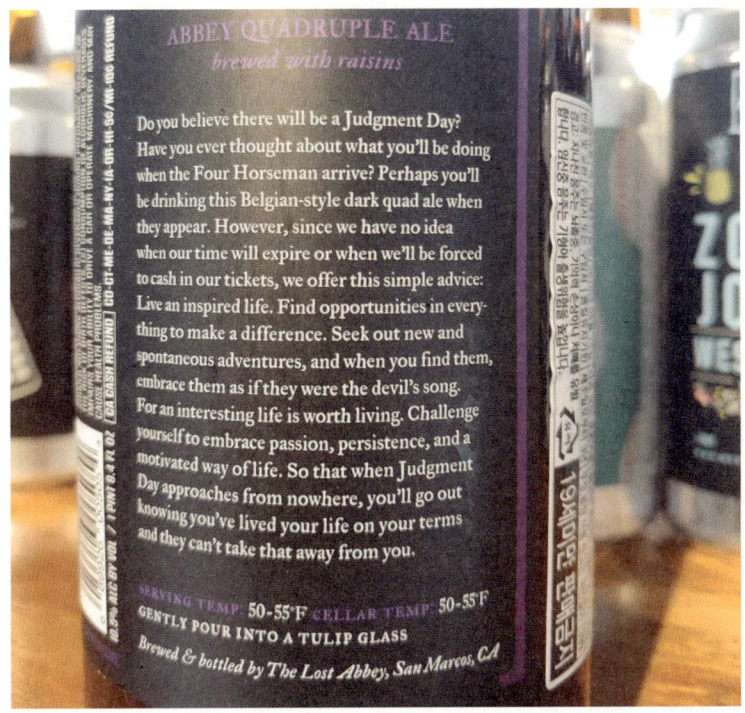

▲ 유통기한 10년인 멜란지 no.9(왼쪽)과 3년인 저지먼트 데이 라벨

　유통기한 5년, 3년인 맥주는 찾으려면 그나마 쉽게 접할 수는 있다. 플랜더스 레드 에일인 '로덴바흐 빈티지 2016', 아드로이트 디오리의 '퓨처 유 헤이츠 유'와 '테라피 세션'이 5년이었다. 구스 아일랜드 비어 컴퍼니의 '줄리엣', '하리아', '로리타'도 5년이었다. 로스트 애비의 '저지먼트 데이'와 에일스미스의 '스피드웨이 스타우트'는 유통기한이 3년이다.

이런 장기 숙성이 가능한 맥주의 장점은 집에 쟁여두고 있다가 나중에 기념할 만한 날에 마실 수 있다는 점이다. 다만, 맥주를 숙성하려면 몇 가지 원칙이 있다. 우선 보관 장소가 빛을 차단할 수 있어야 한다. 햇빛과 외부충격, 높은 온도(혹은 큰 온도변화)는 맥주의 3적이다.

습기가 없는 곳을 선택해야 하는 것도 중요하다. 습기가 있는 곳에선 곰팡이가 생기기 쉽고 이 곰팡이들이 맥주 안으로 스며들 수 있어서다. 더 중요한 건 온도. 12~13도를 유지하면서 온도 변화가 3도 이내로 적은 곳이 좋다.

임페리얼 스타우트, 발리와인, 벨지안 스트롱 에일 등의 다크한 색상을 가진 맥주에다 몰트 성질이 강한 맥주가 장기숙성에 좋다. 숙성할수록 점점 알코올기운은 줄어들고 마우스필은 오히려 좋아질 것이기 때문이다.

알코올도수가 높은 아메리칸 와일드 에일과 사우어 에일, 람빅, 플래미쉬 레드 에일 등도 장기숙성에 괜찮다.

바틀샵에서 이런 맥주들이 보이면 일단 사두어도 괜찮다. 좋은 일이든, 기념할 만한 일이든 언제든 생기기 마련이다. 이럴 때 1년 숙성한 맥주, 3년 숙성한 맥주를 내놓고 깜짝 파티를 한다면 특별한 경험이 될 것이다.

재미있는 맥주이야기

아메리칸 와일드 에일(American Wild Ale)

미국 양조장에서 야생효모나 균을 사용해 발효시켜 만든 맥주이다. 미국에서 만들지만 벨기에나 독일, 영국 등에서 만들고 있는 야생효모 및 균을 사용한 맥주에서 영감을 얻었다.

일반적으로 맥주 양조에는 사람들이 배양한 효모를 사용한다. 이럴 경우엔 야생효모나 기타 균들이 침투하지 못하게 철저하게 소독한다. 그렇지만 벨기에 람빅, 플랜더스 레드 에일(Flanders Red Ale), 아메리칸 와일드 에일은 야생효모와 균에 노출시켜 독특한 산미와 약간은 곰팡이 향이 나는 맥주를 만든다.

아메리칸 와일드 비어에 주로 사용되는 균은 락토바실러스(Lactobacillus), 브레타노마이세스(Brettanomyces, Brett), 페디오코쿠스(Pediococcus), 초산균 등이다.

아메리칸 와일드 에일은 역사가 짧아 정해진 하나의 스타일로 완성된 것은 아니어서 확장가능성이 크다.

배럴에이징(Barrel Aging) 방법을 많이 활용하는 것도 특징이다. 같은 재료, 같은 균으로 만든 와일드 에일도 배럴에 따라 독특한 시큼한 향과 떨떠름한 맛을 가진다. 럼 배럴, 버번 배럴, 샤도네이 배럴, 꼬냑 배럴, 포트 배럴, 위스키 배럴, 데킬라 배럴 등 다양하다.

또 여기에다 여러 가지 과일 혹은 허브 등을 추가하기도 해서 아메리칸 와일드 에일의 하위 품목은 굉장히 많다.

배럴에 몇 개월 이상 숙성을 시켜야 제대로 된 맛이 나오기 때문에 주로 빈티지나 스페셜로 출시된다. 당연히 값도 상당히 비싼 편. 반면 배럴 에이징을 하지 않는 팜하우스에일(Farmhouse Ale) 등은 싸다.

더 브루어리(The Bruery), 제스터킹(Jester King), 캐스케이드(Cascade) 등이 배럴 에이징과 와일드 비어를 접목시킨 양조장으로 많이 알려져 있다.

> 🍺 **재미있는 맥주이야기** 🍺

> **락토바실러스(Lactobacillus)**
>
> 유산균(젖산균)을 말한다. 유산균 중에서 가장 많은 부분을 차지하는 세균이다. 당을 발효시킨 후 이를 에너지삼아 다량의 유산을 생성하는 세균이다. 락토바실러스에 의한 발효식품은 김치, 요거트, 치즈, 사우어크라우트 등이다.
>
> 맥주에서는 벨기에 스타일의 플랜더스 레드 에일과 브라운 에일, 베를리너 바이세, 사우어 에일인 고제 등을 양조할 때 사용된다.

5. 맛있는 맥주는 거품에 달렸다

거품이 가득한 맥주 한잔을 꿀꺽꿀꺽 마신다. 그러고선 입 주위에 남은 거품수염을 손등으로 쓱 닦아내고 보면 감탄사가 절로 나온다.

"캬아! 이보다 행복할 수 있을까?"

맥주 잔 위에 맛깔스럽게 올려진 거품은 맥주를 더 맛있게 보이게 하는 마법을 지녔다. 맥주의 거품은 색깔, 향에 못지않게 외관상 중요시되기도 한다.

① 맥주의 거품은?

맥아에서 뽑아낸 당을 먹은 효모는 알코올과 탄산가스를 만들어낸다. 알코올발효 과정이다. 탄산가스는 양조 후 인위적으로 투입하기도 한다. 이렇게 맥주 속에 녹아있는 탄산가스는 맥주를 따를 때 공기 중으로 빠져나가게 된다.

하지만 탄산음료처럼 바로 공기 중으로 방출되는 건 아니다. 맥아의 단백질 성분과 홉의 폴리페놀이 탄산가스를 둘러싸게 되는데 이것이 맥주 거품이다.

거품은 맥주의 꽃이다. 실제 독일어로 꽃을 뜻하는 블루머(blume)는 '맥주의 거품'이라는 의미로도 쓰인다.

❷ 맥주 거품은 어떤 역할을 하나?

거품은 맥주 맛에 결정적인 영향을 끼친다. 맥주 속에 녹아있는 탄산가스가 방출되는 것을 지연시켜주기 때문이다. 맥주를 잔에 따랐을 때 거품이 마개 역할을 하면서 탄산을 유지시켜 준다. 맥주가 가진 향을 묶어두는 역할도 한다.

❸ 적당한 거품의 양은?

적당한 거품의 두께는 잔에 따랐을 경우 손가락 마디 하나 정도다. 일정시간 거품이 유지될 수 있는 적당한 두께이기도 하다. 대체적으로는 맥주에 최적의 맛을 제공하는 거품의 황금비율을 맥주:거품=8:2로 보기도 한다.

❹ 맥주의 거품이 지나치게 많다면?

펍에서 맥주를 따를 때 거품이 많이 나올 경우는 관리 부실일 경우가 많다. 맥주의 온도가 지나치게 높다거나 20리터 용기인 케그와 연결된 탄산가스를 퇴근할 때 잠그지 않고 방치할 경우 거품이 많아진다.

▲ 맥주의 거품. (사진=픽사베이)

자가양조에서는 맥주의 거품은 주로 병입을 할 때 지나치게 많은 양의 설탕이나 프라이밍 슈가를 넣은 경우이다. 1ℓ 병에 설탕 7g이 적당한데 많은 양의 설탕을 넣으면 병마개를 열었을 때 감당하지 못할 만큼 거품이 솟아날 수도 있다.

❺ 잔을 기울여 맥주를 따르면 거품이 덜 생긴다?

 잔을 기울이지 않고 똑바로 세운 상태로 맥주를 따르면 따르는 맥주가 잔에 닿는 면적이 좁아져 더 강하게 잔과 충돌하게 되고 더 많은 탄산가스를 방출하게 된다. 따라서 거품의 양도 많아진다. 잔을 기울이게 되면 떨어지는 맥주가 잔에 닿는 면적이 넓어져 충돌로 인한 에너지를 덜 받게 되면서 거품도 줄어든다.

 같은 원리로 따를 때 낙차를 크게 주면 맥주가 잔 바닥에 부딪치는 충격이 커지면서 거품도 많이 생긴다.

❻ 거품을 오래 유지하려면?

 스킴(skim)을 해주면 된다. 스킴은 소스 혹은 수프에서 기름기나 거품을 걷어내는 것을 말한다. 맥주를 잔에 따르고 난 후 위의 볼록한 거품을 걷어내는 것이 스킴이다. 거품을 걷어내면 위쪽에 얇은 물 층이 생겨 거품이 덜 날아가게 된다.

 컵에 기름기 등 이물질이 묻어 있으면 거품은 금방 꺼져버린다. 기름진 음식을 먹었다면 맥주를 마시기전에 입가를 닦아야 한다.

❼ 엔젤 링이 선명해야 좋은 맥주다?

 어느 맥주 광고의 한 장면. 좋은 맥주임을 강조하기 위해 거품 띠인 엔젤 링(Angel Ring)을 보여준다.

 하지만 이는 마케팅의 한 방법일 뿐이다. 결론적으로 말하면 엔젤링이 선명하다고 해서 좋은 맥주라고 할 수는 없다. 좋은 맥주는 엔젤 링에 의해 결정되기보다 거품이 얼마나 오랫동안 유지되느냐가 더 중요하다.

엔젤 링이 맥주의 품질이나 신선도를 판단하는 데 참고는 할 수 있어도 절대적인 요소는 아닌 것이다. 오히려 엔젤링은 잔이 깨끗한지를 판단하는 데 더 적합하다. 맥주잔이 깨끗하지 않거나 기름기가 묻어있으면 거품도, 엔젤 링도 줄어든다.

엔젤 링의 정확한 명칭은 '비어 레이싱(Beer Lacing)'이다.

❽ 질소를 충전하면 조밀한 거품을 만든다

질소 맥주···.

몇 년 전 쯤 질소 커피, 질소 아이스크림, 질소 과자가 유행했었다. 질소 커피(nitro coffee)는 콜드 브루(cold brew) 커피에 질소를 주입시킨 것이다. 질소를 넣은 기네스 맥주처럼 고운 입자의 풍성한 거품으로 부드러운 맛이 극대화된다.

2021년부터는 이제 맥주에도 질소가스 첨가를 허용해 크림같은 거품을 낼 수 있는 길이 열렸다. 2020년 5월 19일 기획재정부와 국세청이 발표한 '주류 규제개선방안'에 따른 것이다. 그동안 국내에서는 주세법시행령에 따라 맥주의 첨가재료로 질소가 제외되어 있었다.

(국내 한 일간지에 소개한 내용에 따르면 기존의 첨가물 규제방

식이 정책적으로 허용하는 것을 구체적으로 나열한 뒤 나머지는 모두 금지하는 포지티브 규제였다고 한다)

외국의 경우는 맥주를 양조할 때 질소 가스를 넣는 경우가 늘어나고 있다. 좀 더 부드러우면서 풍성한 거품을 만들 수 있기 때문이다. 질소가 첨가된 맥주로는 기네스가 대표적이다. 기네스가 부드럽고 풍성한 거품이 특징인 것도 질소 때문.

기네스의 병과 캔 안에는 '위젯'이라는 동그란 플라스틱이 들어 있다. 이 안에 질소가 들어가 있다. 병이나 캔이 열리면서 압력이 줄어들게 되면 위젯에서 질소가 나오면서 맥주와 섞이게 되고 부드러운 거품을 만들어낸다.

기네스는 전체 맥주 속 기체의 70%가 질소다. 질소는 물에 잘 녹지 않아 맥주 용기 안의 압력을 높인다. 압력이 높을수록 맥주 속에는 탄산가스가 더 많이 녹아들게 되고 이를 따를 때 더 조밀한 거품을 만들어 내게 된다.

> **참고 헨리의 법칙**
> 일정한 온도 아래에서 기체가 액체에 용해될 때 그 용해량은 기체의 압력에 비례한다는 법칙.

03
맥주 시음

1. 맥주 시음 방법

　맛있는 맥주는 캔이나 병의 마개를 따는 순간부터 향이 쫙 퍼지면서 기분을 좋게 만든다. 향은 잔에 맥주를 따르는 순간에도 끊임없이 코를 자극하기도 한다. 특히 홉의 특징이 강조된 맥주들은 더하다.
　맥주 시음은 머리 위에서부터 내려오면서 오감을 동원해 살피고 향을 맡고 음미하고 감촉을 느껴 보는 것이다. 시음은 다음 6가지 요소를 중점적으로 살피면 된다.

❶ 외관(Appearance)

본격적인 시음에 앞서, 마시기 전에 할 일이 있다. 맥주의 외관을 확인하는 일이다. 맥주를 잔에 따른 후 먼저 눈으로 맥주의 색깔을 본다.

미국의 맥주심사자격프로그램 단체인 BJCP의 '맥주 스타일 가이드라인(2021년판)'에 따른 맥주 색깔과 SRM 값은 표와 같다.

[표 5-1] 맥주 색깔과 SRM 값

맥주의 색깔	SRM 수치
밀짚색	2~3
노란색	3~4
금색	5~7
호박색	6~9
짙은 호박색/밝은 구리색	10~14
구리색	14~17
짙은 구리색/연갈색	17~18
갈색	19~22
짙은 갈색	22~30
아주 짙은 갈색	30~35
검정색	30+
불투명한 검정색	40+

맥주 색깔에 이어 투명도도 함께 본다. 맑음과 탁함의 정도를

보는 것이다. 독일의 밀맥주는 일부러 맥주에 효모 등의 찌꺼기를 남겨둔다. 비교적 탁한 이런 맥주는 일부러 흔들어서 마시라고 안내하기도 한다. 또 뉴잉글랜드IPA 스타일(뉴잉 혹은 NEIPA라고도 한다)의 맥주는 헤이지(Hazy)하다고 표현한다.

맥주에선 거품의 역할도 중요하다. 거품의 색깔, 거칠거나 부드러움의 정도, 거품의 양, 거품이 언제까지 지속되는지도 살핀다.

▲ 맥주를 잔에 따른 후 맥주색깔과 투명도, 맑음과 탁함의 정도를 먼저 체크해본다.

❷ 향(Aroma)과 풍미(Flavor)

눈으로 외관을 살피는 게 끝났으면 코로 향을 맡아본다. 제일 먼저 느낄 수 있는 향은 홉이다. 뉴잉글랜드스타일IPA라면 오렌지, 자몽, 망고, 파인애플 등의 시트러스한 열대과일 향이 먼저 치고 올라올 것이다. 또 맥주에 따라 솔잎향이나 베리 류의 과일

향도 느낄 수 있다.

몰트의 종류에 따라 혹은 몰트의 볶은 정도에 따라 냄새나 향이 달라진다. 빵, 커피, 캬라멜, 초콜릿 향 등이 대표적이다. 향은 맥주를 입안에 한 모금 머금었을 때 더 잘 느낄 수 있다. 효모도 종류에 따라 각각의 에스테르(ester)를 가진다. 때론 바나나, 바닐라, 정향 등의 향이 나기도 한다.

그 외 양조를 하면서 전혀 의도하지 않았던 향이 나기도 하는데 이를 이취(Off Flavor)라고 한다. 산화취와 햇빛에 노출되었을 때 나오는 스컹크 냄새, 옥수수 냄새, 청사과 향 등의 이취는 맥주 양조과정에서의 잘못이나 재료 보관상의 잘못으로 발생하는 향이다.

향을 맡을 땐 어떤 특정 향이 너무 강해 거북하지는 않은지, 여러 향이 어우러져 밸런스가 맞는지, 내게 맞는 향인지까지도 살핀다.

❸ 맛

다음은 맛을 찾아볼 차례다. 혀끝에서 느끼는 단맛, 쓴맛, 과일 맛, 초콜릿 맛 등과 함께 신맛과 짠맛까지도 느껴본다. 쓴맛은 IPA 스타일의 맥주에서 강하지만 의외로 임페리얼 스타우트도 강하다. 스타우트는 단맛에 가려 쓴맛을 덜 느낄 뿐이다.

신맛이 강한 사우어맥주는 최근 국내양조장에서도 많이 생산하고 있어 점차 맥주애호가들로부터 인기를 얻어가고 있는 중이다. 따뜻한 봄날 야외에서 가볍게 마실 수 있는 신맛부터 마시면 얼굴이 찡그려질 정도의 강한 신맛이 나는 맥주도 있다. 또 맥즙을 공기 중에 일부러 노출시켜 야생효모로 발효시키는 람빅맥주에선 약간은 쿰쿰한 향과 풍미까지 느낄 수 있다.

짠맛은 소금이 들어가는 고제(독일어: Gose) 맥주라면 쉽게 느껴볼 수 있다.

❹ 입 안의 느낌(Mouthfeel)

입안에 맥주를 한 입 머금었을 때의 입안의 느낌도 중요하다. 묵직한 정도를 말하는 바디감과 함께 탄산의 정도까지도 느껴본다. 탄산은 맥주를 따를 때 생기는 거품이나 기포를 통해서도 알 수 있지만 입 안에서의 느낌으로도 약한지, 과한지를 판단할 수 있다.

바디감이나 탄산 외에 입안에서 느낄 수 있는 질감도 중요하다. 부드러움의 정도, 끈적함의 정도, 미끌거림의 정도도 느낄 수 있다.

❺ 목넘김

목넘김도 시음과정에서 중요한 요소다. 한 잔을 들이키면 목을 타고 넘어가는 느낌을 말한다. 라거냐 에일이냐를 가르는 맥주 분류에 따라, 알코올 도수에 따라, 또 맥주 스타일에 따라 어떻게 차이가 나는가를 살펴본다. 적당한 탄산감이 있다면 목넘김도 좋다. 특히 기온이 높은 여름철 시원한 라거 한 잔을 마시면 가히 신세계라고 표현할 수 있을 만큼 목넘김도 좋다. 반면 탄산이 과하다면 목에서 느끼는 강도도 강할 수밖에 없다.

❹ 피니쉬(Finish)

맥주를 마시고 난 다음 전체적인 느낌이다. 내게 딱 맞는 커피를 드립해서 마셨을 때처럼 여운이 길게 오래 남는다면 나에게 잘 맞는 맥주이다. 여운이 금방 사라지는지, 혹은 길게 남는지를 본다. 또 전체적으로 향과 맛이 균형이 잡혀있는지도 고려한다.

2. 맥주 시음노트 작성

매일 마시는 맥주가 아니라면 다음날이 되면 어제 마신 맥주의 맛과 향은 어땠는지, 마우스필은 어떠했는지 등 기억이 나지 않는다. 시음노트를 작성하면 며칠, 혹은 몇 달이 지나더라도 내가 마신 맥주를 기억나게 해주기 때문에 재미삼아서라도 작성해두는 게 좋다. 단, 시음노트엔 정답이 없다. 주관적인 관점에서 평가하고 적어두면 되므로 너무 부담을 가지지 않아도 된다.

시음노트는 맥주동호회 사이트나 개인블로그를 검색해서 찾아

볼 수도 있다. 때론 시음노트 양식을 다운로드 할 수 있도록 자료를 올려둔 곳도 있어 유용하다.

  시음노트는 맥주를 마시고 난 다음 나만의 느낌을 적어두는 시음후기를 작성할 때 유용하다. 이런 시음노트나 시음후기는 나중에 씨서론이나 BJCP 등 국제적으로 공인된 맥주관련 자격증을 취득할 때도 큰 도움이 될 수 있다.

  시음노트는 한국발효술교육연구원 블로그에서도 다운로드 할 수 있다. 파일을 다운 받은 후 프린트해서 사용하면 된다.

> https://blog.naver.com/delipub/222680650710

맥주 시음 노트

맥주 이름	시음 날짜
맥주 스타일	시음 장소
양조장	소비기한
지역/국가	시음자 서명

알코올도수 (%) — 2 4 필스너 IPA DIPA 임페리얼 스타우트 10 12 14

IBU·쓴맛 ( ) — 10 20 30 40 50 60 70

SRM·색깔 ( ) — 노란색 5 호박색 10 구리색 15 갈색 20 짙은갈색 25 검정 30 35 40 불투명검정 45

외관

거품양
없음 / 적음 / 보통 / 많음 / 아주많음

투명도
투명 / 안개 / 보통 / 흙탕물 / 혼탁

향과 풍미

맥아향
□ 구운빵 □ 견과류 □ 곡물향
□ 커피향 □ 초콜릿 □ 훈연향

홉향
□ 솔향 □ 흙냄새 □ 열대과일
□ 꽃향 □ 향신료 □ 시트러스

발효향
□ 바닐라 □ 정향 □ 위스키
□ 과일향 □ 오크숙성

종합평가   점수 : /10

맛

단맛
0 1 2 3 4 5

쓴맛
0 1 2 3 4 5

신맛
0 1 2 3 4 5

짠맛
0 1 2 3 4 5

입안의 느낌

바디감
0 1 2 3 4 5

탄산의 정도
0 1 2 3 4 5

피니쉬(Finish)_여운
0 1 2 3 4 5

질감
□ 부드러움 □ 날카로움 □ 끈적거림
□ 미끄러움 □ 알코올도수 높음

3. 맥주 테이스팅 용어

'홉은 학교 댄스파티에서 파트너 없는 사람처럼, 존재하되 두드러지진 않는다'

맥주와 관련된 책을 보다가 재미있는 표현이 있어 메모해뒀다. '맥주의 모든 것'(조슈아 M. 번스타인 지음/정지호 옮김)에서 트라피스트 맥주 두벨을 설명하면서 쓴 표현이다.

이 책엔 또 다른 재미있는 표현들이 많이 있다.

'적당한 맥주를 골라 적당한 환경을 만들어 2~3년쯤 보관해두면 나이가 들면서 괜찮아지는 사람 같은 그런 맥주를 즐길 수 있다'

역시 '맥주의 모든 것'이란 책에서 맥주 숙성과 관련된 내용을 설명한 문장이다.

내친 김에 하나만 더 소개한다.

'아메리칸 스타우트는 보통 볶은 성질을 가지고 있어 커피나 달콤씁싸름한 초콜릿을 연상시키며, 너무 좋아해서 때가 탄 축구공같이 검은색에 가까운 브라운 색을 띤다'

참 표현이 찰지다. 같은 책에서 아메리칸 스타우트를 설명한 표현이다.

그나마 이렇게 재미있는 표현이라면 이해하기는 쉽다. 하지만 많이 쓰이는 맥주시음 용어들은 처음엔 알아먹기 쉽지 않은 말들뿐이다. 수제맥주 입문자들이 종종 겪는 어려움 중의 하나가 맥주 시음후기를 보는 것이다. 도무지 알 수 없는 표현들이 많아서다. 이유는 익숙하지 않은 용어들 때문이다. 맥주시음 후기에서 흔히 쓰이는 용어와 표현을 정리했다.

- 마우스필 : 입안 전체에서 감도는 맥주의 총체적인 느낌. 일반적으로 라이트(light), 미디엄(medium), 풀(full)로 표현한다. 풀 마우스필일수록 단맛이 강하다. 탄산의 정도, 바디감, 알코올도수, 맛 등을 전체적으로 표현한 것이다.
- 바디감 : 입 안에서 감도는 묵직함의 정도를 말한다. 가볍다는 뜻의 라이트 바디에서 묵직하다는 풀 바디까지 있다. 물은 라이트 바디, 우유는 풀 바디로 생각하면 된다.
- 드라이 : 단맛이 적은, 끝맛이 남는 게 없이 깔끔한 맛
- 호피 : 맥주에서 홉의 특성이 잘 드러난다는 뜻이다. 그렇기에 쓴 맛이 강하다고 해서 반드시 호피하다고는 하지 않는다.
- 크리미한(Creamy) : 질감이 부드럽고 매끄럽다는 뜻이다.
- 몰티 : 몰트 특유의 단맛이나 카라멜 맛, 로스트 맛 등이 느껴지는 상태다.
- 헤드 : 맥주의 거품을 말한다. '하얀색 헤드'처럼 색깔과 함께 사용한다.
- 드링커블 : 마시기 편한 상태. 알코올도수가 높지 않고, 쓴맛이 강하지 않아 쉽게 마실 수 있는 맥주를 표현하는 용어다.

- 떫은 : 탄닌의 영향으로 드라이하고 거친 느낌의 맛이다.
- 파이니 혹은 솔향 : 미국 홉에서 많은 향으로 송진 향, 소나무 향을 말한다.
- 시트러스 : 미국(신대륙) 홉의 특징이다. 귤, 오렌지, 레몬, 자몽 등 열대과일 향을 의미한다.
- 카보 : 카보네이션의 줄임말로 탄산감을 의미한다.
- 부즈 : 알코올부즈로 표현하며 좋은 의미는 아니다. 알코올향이 날카롭다는 뜻이다.
- 아세트알데히드 : 풋사과의 풍미로 발효의 잘못인 경우가 많다.

04
비어-푸드 페어링
(Beer-Food Pairing)

    맥주는 우리나라 음식과 특히 잘 어울린다. 사실이다. 맥주의 본고장이라는 유럽 쪽에선 맥주 단독으로 즐기는 경우가 많다. 우리나라는 다르다. 맥주엔 꼭 안주가 따른다. 퇴근 후 동료들과 맥주 한 잔을 할 땐 치킨을 안주삼아 마시고, 회식을 할 때도 삼겹살을 구워 놓고 맥주를 마신다. 청량한 맥주 한 잔이 기름진 고기 맛, 특히 느끼함을 싹 가시게 해준다.

    가정에서도 마찬가지다. 대체로 매콤하면서도 자극적인 양념 맛이 강한 찜 혹은 국과 반찬이 많은 게 한국 가정식이다. 맥주의 시원한 목넘김이 강한 양념 맛을 중화시켜 준다. 비어-푸드 페어링(Beer-Food Pairing)이 일상화되어 있는 셈이다.

사실 맥주는 어떤 음식과도 불편함이 없이 잘 어울리는 편이다. 맥주가 가진 장점 중 하나다.

1. 비어-푸드 페어링이란?

페어링(pairing)은 '둘이 짝을 이룬 한 쌍'을 의미한다. 맥주에서 푸드 페어링은 맥주와 궁합이 가장 잘 맞는 음식을 말하는 것으로 당연히 맥주 스타일에 따라 어울리는 음식(안주)은 따로 있기 마련이다.

가장 쉽게 이야기할 수 있는 것이 우리나라에서 유행하고 있는 '치맥'이다. 은연 중에 치킨과 맥주는 환상의 궁합을 보여주는 짝꿍인 셈이다. 치킨의 기름진 맛과 라거 맥주의 청량한 목넘김이 서로 보완작용을 해 맥주도, 치킨도 맛있게 해주는 역할을 한다. 치맥 이후 유행한 피자와 맥주를 이야기하는 '피맥'도 마찬가지다.

요즘엔 독서를 하면서 그 책과 어울리는 맥주를 매칭시켜주는 '북맥'도 유행이라 하니 페어링은 꼭 음식에만 국한된 것은 아니란 뜻이겠다.

한 가지 중요한 사실은 비어-푸드 페어링에 정답이 없다는 점이다. 나의 입맛에 맞는 조합이면 그게 정답이다. 추운 겨울이라면 잔당이 많은 스타우트 한 잔을 홀짝이며 김이 모락모락 나는 군고구마를 곁들여도 의외로 괜찮은 페어링이 되는 법이다.

▲ 치킨과 맥주. 페어링의 최고봉이다.

2. 페어링의 일반적인 원칙

페어링은 맥주가 위주냐, 혹은 음식이 위주냐에 따라 달라진다. 식전에 입맛을 돋우기 위해 마시는 맥주로는 플렌디시 레드 에일과 같은 가벼운 산미가 느껴지는 맥주들이 어울린다. 듀체스 드 보르고뉴나 로덴바흐 프루티지 등의 맥주다.

반면 맥주가 주인이고 음식이 따라온다면 달라진다. 이럴 땐 맥주의 맛과 향, 풍미를 살려주는 쪽으로 음식을 페어링하면 된다. 어렵게 생각하면 한없이 어렵다. 간단하게 다음 몇 가지 원칙만 잘 고려해도 맥주를 더 맛있게, 또 더 즐겁게 즐길 수 있다.

❶ 비슷한 맛끼리 짝 지워야

먼저 맥주와 음식 둘 다 비슷한 맛으로 매치시키는 것이다. 알코올도수가 조금 높고 바디감이 풍부한 스타우트는 그릴에 구운 고기와 잘 어울린다. 초콜릿 향이 나는 임페리얼 스타우트는 초콜릿 케이크와 함께 먹으면 단맛 뿐 아니라 씁쓸한 쓴맛까지도 극대화된다. 신맛이 나는 사우어에일과 상큼한 과일의 조합도 괜찮다. 시트러스함이 강조된 미국 홉이 주로 들어간 맥주는 레몬즙을 첨가한 음식 혹은 레몬즙을 뿌려 낸 음식과 짝을 지어도 좋다.

▲ 알코올도수가 높거나 바디감이 풍부한 맥주는 구운 고기와 잘 어울린다.

이것저것 고민하기 싫다면 가벼운 맥주를 선택하는 것이 맞다. 몇 명이 함께 가벼운 식사와 함께 맥주를 곁들이려면 어떤 맥주가 좋을까. 이럴 경우에는 누구에게나 큰 거부감없이 어울리는 가벼운 필스너 계열의 맥주, 혹은 헤페 바이스비어 같은 밀맥주가 좋다. 이런 맥주는 특색이 강한 음식이 아니라면 어느 음식과도 무난하게 어울린다.

❷ 과한 맛은 줄여라

맥주와 음식 모두 비슷한 맛으로 짝을 지워주면 서로의 맛이 상승작용을 일으킨다. 반면 이와 반대로 과한 풍미나 향을 상쇄시켜 주도록 매치시켜 주는 것도 페어링의 요령이다.

▲ 알코올도수가 높은 임페리얼 스타우트는 치즈와도 잘 어울린다.

치즈가 듬뿍 들어간 피자 등을 먹을 땐 느끼함을 줄여주기 위해 알코올 도수가 높은 포터나 스타우트가 어울린다. 삼겹살 등 기름진 음식을 먹을 땐 청량한 라거맥주가 가장 잘 맞는 짝이다.

❸ 강도 맞추기

이는 맥주의 강도와 음식의 강도를 비슷하게 맞춰 페어링을 하는 방법이다. 맥주에서 이야기하는 강도는 알코올 도수와 쓴맛의 정도가 제일 큰 비중을 차지한다. 알코올 도수는 'ABV(Alchol By Volume)'로, 쓴맛의 정도는 'IBU(International Bitterness Units)'로 표시를 하는데 0~100까지의 숫자를 사용한다. 숫자가 높을수록 쓴맛이 강하다.

▲ 깔끔한 목넘김의 라거맥주는 가벼운 샐러드와 페어링을 해주면 좋다.

요즘 수입되고 있는 맥주 중에서 강도가 센 맥주는 알코올 10%~13%의 임페리얼 스타우트, 알코올 8% 이상의 더블IPA 등으로 알코올도수도 높고 IBU도 높은 편이다. 이런 맥주들은 바비큐나 매운 양념이 들어간 한국음식들과도 잘 어울린다. 특히 임페리얼 스타우트는 막창구이나 양념막창과도 궁합이 잘 맞는 편이다.

필스너, 쾰슈 등과 같이 가볍고 산뜻한 맥주라면 샐러드처럼 가벼운 음식과 매칭시키면 좋다.

쓴맛이 강한 IPA는 매운 음식과 페어링시키면 두 가지의 맛이 모두 두드러진다. 잔당이 많은 스타우트는 감칠맛이 나는 스테이크와 어울린다.

❹ 나라별 음식과 맥주 맞추기

네 번째 원칙은 각 나라의 대표 맥주와 그 나라의 대표 음식을 매칭시키는 방법이다. 쓴맛이 강한 IPA는 인도식 커리와 의외로 잘 맞는다.

단, 주의해야 할 점은 있다. 쓴맛+쓴맛 혹은 신맛+신맛의 조합일 경우이다. 맥덕이어서 쓴맛이나 신맛이 강한 맥주를 일부러 찾아 마시는 경우는 다르겠지만 대부분의 사람들에게 쓴맛 또는 신맛은 익숙하지 않은 맛의 맥주다. 예를 들어 신맛이 강한 사우어맥주와 신맛이 너무 나는 과일의 조합은 신맛 외의 다른 다양한 맛들을 해치기 때문에 바람직하지 않은 페어링이다.

❺ 개인별 선호도도 중요

맥주와 음식의 페어링에서 정해진 정답은 없다. 개인별로 취향에 따라 호불호가 갈린다. 분명한 것은 서로의 맛과 향을 해치지 않는 방향으로 페어링을 한다면 큰 무리는 없다는 것이다.

개인적인 경험으로는 앞서 이야기했듯이 바디감이 풍부한 스타우트는 군고구마와 너무 잘 어울렸고, 알코올도수가 10% 이상인 임페리얼 스타우트는 막창구이와 환상적인 페어링 경험을 제공해 줬다.

전통적인 방식의 페어링으로는 기네스로 잘 알려진 아이리쉬 스타우트(Irish Stout)와 생굴, 필스너와 채소 볶음 요리, 앰버 에일(Amber Ale)과 스테이크(소스를 사용하지 않고 소금과 후추만 뿌려 구운) 등이 알려져 있다.

▲ 군고구마도 바디감이 풍부한 맥주와 잘 어울린다.

05
맥주 관련 자격증

커피 바리스타나 와인 소믈리에처럼 맥주에도 자격증이 있다. 국내에서 취득 가능한 해외의 맥주관련 전문 자격증도 있고 국내 민간단체에서 발행하는 자격증도 있다. 이중에는 해외 자격증을 포함해 어렵지 않게 취득할 수 있는 자격증도 있다.

해외 맥주관련 전문 자격증은 씨서론(Cicerone Certification Program), 비어 소믈리에(Biersommelier), BJCP(Beer Judge Certification Program) 등 3개가 있고, 국내 자격증은 한국맥주문화협회의 비어 도슨트, 양조 전문가와 한국수제맥주브루마스터협회의 브루마스터 등이 있다.

1. 씨서론(Cicerone Certification Program)

씨서론은 맥주 전문가 평가를 위해 전 세계적으로 통용되고 있는 공인 인증 프로그램으로 총 4단계로 나눈다.

1단계는 공인 비어 서버(Certified Beer Server)로 맥주 추천과 설명, 서빙에 중점을 두고 문제가 출제된다. 시험은 인터넷 사이트(https://www.cicerone.org)를 통해 접수하고 인터넷으로 온라인 시험을 치를 수 있다. 한국어 사이트(https://www.cicerone.org/int-en/korean)로도 접수와 시험이 가능하다. 물론 시험도 한국어로 가능하다. 응시료는 69달러. 1단계 시험은 비교적 쉽게 취득할 수 있는 수준이다. 2022년 1월 기준으로 전 세계에 13만 명 이상이 1단계 자격을 보유하고 있고 국내에서도 1천여명이 넘는 많은 분들이 자격을 취득했다.

2단계는 공인 씨서론(Certified Cicerone)이다. 2016년부터 국내에서도 시험을 치른다. 맥주 시음 등 따로 공부해야 할 내용이 많다. 2단계 자격 취득자는 전 세계에 4천200명을 넘었고 국내엔 41명이 자격을 가지고 있다(2022년 1월 기준).

3단계는 상급 씨서론(Advanced Cicerone), 4단계는 마스터 씨서론(Master Cicerone)인데 우리나라에선 아직 3단계, 4단계 시험 통과자가 없다. 전 세계적으로는 3단계 150명, 4단계 20명의 자격자가 있다(2022년 1월 기준).

2. 비어소믈리에(Biersommelier)

비어 소믈리에 자격은 독일의 맥주 전문교육기관인 '되멘스 아카데미(https://doemens.org/en)'에서 발급한다.

전 세계 7개 국어로 교육이 진행되는데 한국어 과정은 브루웍스 아카데미(breworx.com)에서 담당한다. 맥주의 주재료, 생맥주 기자재 뿐 아니라 양조 기술과 맥주 테이스팅 등 맥주와 관련된 다양한 전문지식이 필요하다.

교육 후 졸업시험이 있으며 통과해야 1단계 비어 소믈리에 자격증을 준다. 2단계 디플롬 비어소믈리에(Diplom Biersommelier)는 따로 공부해야 할 만큼 어렵다.

3. BJCP(Beer Judge Certification Program)

미국의 비영리 기관(www.bjcp.org)에서 발급하는 자격증으로 필기와 실기시험을 치른다. 필기는 온라인, 실기는 오프라인으로 치르는 시험이다.

시험에 합격하면 각종 맥주대회의 심사관으로 활동하게 되며 BJCP 공인 맥주 대회에서 심사관으로 활동해야 다음 단계로 올라갈 수 있다.

온라인으로 치르는 시험은 맥주에 관심있으면 누구나 도전해보고 통과할 수 있을 정도로 쉽다.

06
맥주로 만드는 칵테일

잠시 술 좀 마시던 직장인 시절 이야기를 해본다. 한여름, 더위에 지칠 오후 3~4시쯤 옆자리 동료와 눈짓을 주고 받은 후 슬금슬금 사무실을 나서서 가는 곳은 회사 근처 식당이었다. 자주 점심을 먹던 곳이다.

식당에 들어서면 사장님은 골방으로 안내를 하고는 아무 말 없이 막걸리 한 병과 맥주 한 병, 그리고 빈 주전자를 내준다. 자리에 앉자마자 주전자에 막걸리와 맥주를 한꺼번에 쏟아부어넣고 한 잔 씩 마시면 그 시원함과 짜릿한 쾌감은 한여름을 나는 보약이었다. 은근하게 취하는 맛도 있었다.

그땐 나름대로 이름까지 정해뒀다. 맥탁(맥주+탁주). 우아하게 표현하자면 칵테일(cocktail)이었다. 그것도 맥주칵테일.

칵테일 하면 흔히 보드카나 진, 럼, 위스키를 베이스로 여러 종류의 음료나 다른 재료들을 섞어 예쁜 잔에 따라 마시는 혼합주를 말한다. 50대 이상이라면 진토닉, 30대~40대 초반이라면 피치크러쉬나 롱티(롱아일랜드아이스티), 잭콕, 럼콕 등을 떠올릴 만하다.

그렇지만 맥주로도 칵테일이 가능하다는 건 잘 모른다. 게다가 맥주칵테일은 맛도 있으며 스토리도 있음을 더 잘 모르고 있다.

가끔 한 번씩은 맥주로 만든 칵테일로 맥주 마시는 분위기를 확 바꾸어볼 만도 하다. 여러 가지 맥주 칵테일 중에서도 쉽게 구할 수 있는 재료로 만들 수 있는 것들만 모아봤다.

- **레드 아이**(Red Eye)

해장용 칵테일로 유명하다. 레드아이는 숙취로 빨개진 눈을 의미한다.

차게 식힌 토마토 주스와 라거 맥주를 1:1로 섞은 후 잘 저어서 마신다. 색깔을 눈으로도 즐기려면 하이볼 글라스에 따르면 더 좋다. 맥주의 쓴 맛이 토마토 주스로 중화되면서 부드러운 음료 같다. 운동 후 한잔 마시기에도 어울린다. 의외로 맛이 괜찮은 칵테일이다.

숙취로 고생한 충혈된 눈이 정상으로 돌아올 만큼 해장용으로 어울린다. 서양에선 아침 대용으로 달걀 노른자를 넣어 마시기도 했다고 한다.

레드아이는 1988년 개봉한 톰 크루즈 주연의 영화 '칵테일(Cocktail)'에 등장하면서 많이 알려졌다. 이 영화로 뜬 칵테일이 '섹스 온 더 비치'와 '오르가슴'이다.

스노우 레드 아이(Snow Red Eye)는 잔의 가장자리에 소금을 묻혀 마치 잔에 눈이 내린 것처럼 장식한 맥주 칵테일이다. 레몬이나 라임으로 잔의 입구 주위를 문질러 준 다음 소금을 묻히면 상큼한 레몬맛과 짭짤한 소금기가 만나 특별한 맛을 낸다.

• 샌디 개프(Shandy Gaff)

맥주와 발포성 청량음료인 진저에일(ginger ale)을 반반씩 넣은 후 가볍게 저어주면 된다. 생강 맛과 맥주의 쓴맛이 잘 어울린 칵테일로 갈증 해소용으로 좋다. 진저 에일은 주로 위스키와 섞어서 많이 마시는 음료이다.

• 민트 비어(Mint Beer)

잔에 맥주를 따른 후 페퍼민트를 넣어 가볍게 흔들며 섞어준다. 고블릿 잔에 맥주를 따를 경우 페퍼민트 양은 14g 정도다.

• 하프 앤드 하프

맥주+맥주다. 더 정확하게 표현하자면 스타우트+라거 맥주이다. 섞는 비율은 각자의 기호에 맞게 조절하면 된다.

재미있는 사실이 숨어 있다. 흑맥주에 라거 맥주를 부으면 갈색의 흑맥주 거품이 일어나고 라거 맥주에 흑맥주를 부으면 흰색 거품이 일어난다.

맥주와 맥주를 섞는 칵테일은 오래전부터 있어왔다. 생맥주 1750cc에 흑맥주 기네스 한 병을 섞는 것이다.

• 끌라라(Clara)

끌라라 (Clara)는 스페인어로 '맑은' 이라는 뜻이다. 맥주에 토닉워터를 섞어 만든다. 탄산수보다 단맛이 조금 섞인 토닉워터나 사이다가 더 잘 어울린다. 그래야 맥주 특유의 맛을 살리면서 쓴맛을 줄여 부드럽게 된다.

가볍게 한 잔 마시고 싶을 때 잘 어울린다. 상큼해서 여름에 마시기 딱 좋으며 여성들이 좋아하는 칵테일이다.

비율은 맥주 : 토닉워터를 2:1~1:1 사이에서 입맛대로 섞으면 된다.

• 트로이의 목마

흑맥주에 콜라를 섞은 칵테일 맥주이다. 맥주잔에 흑맥주를 90% 정도 따른 후 나머지를 콜라로 채운다. 마시기가 좋아 한 잔 두 잔 마시다 보면 갑자기 취할 수 있으므로 조심해서 마셔야 한다.

- **더티호(Dirty Hoe)**

한 때 유행했던 칵테일로 더티호가 있다. 호가든으로 맥주잔에 반을 채우고 기네스는 스푼을 이용해 잔의 벽을 따라 천천히 따라 한 잔을 완성시킨다. 기네스 맥주를 호가든 맥주 위에 얹는다는 느낌으로 따른다. 아래쪽은 호가든이, 위쪽은 기네스로 나뉘어져 보기에도 그럴듯하다. 대신 한 입에 쭉 들이키는 것이 요령. 밀맥주인 호가든의 부드러움과 기네스의 쌉싸름한 맛이 잘 어울린다.

비슷한 칵테일로 다양한 향이 특징인 에일 맥주와 스타우트를 같은 방법으로 섞으면 영국에서 주로 마신다는 블랙 앤 탄(Black and Tan)이다.

- **맥탁(맥주+탁주)**

막걸리 맛에 조금 더 주안점을 두고 막걸리 : 맥주 비율을 2:1로 섞는 게 맛이 좋다. 여름에 시원한 맛으로 마시는 막사이(막걸리+사이다) 비율도 막걸리 2병+사이다 1병이 가장 맛이 좋은 것과 같다. 막걸리와 맥주를 1:1로 섞으면 시원한 맛과 톡 쏘는 맛은 좋지만 맛은 덜하다.

의외로 취기가 빨리 오른다는 단점이 있다.

- **커피 맥주**

  커피 리큐르인 깔루아를 넣으면 좋고, 없으면 생략해도 된다. 먼저 깔루아 15㎖를 잔에 넣고 에스프레소 한 잔을 부어준다. 여기에 흑맥주인 기네스 150㎖를 부어주면 된다. 에스프레소가 없다면? 그냥 집에 있는 믹스커피의 끝부분을 잡아 설탕과 크림(프림)을 빼고 커피만 넣고 저어줘도 된다. 더치커피는 1/4~1/5잔 정도를 넣어준다.

- **기타**

    - 청포도 맥주 : 청포도 음료 1/3잔에 맥주로 나머지 잔을 채운다.
    - 자몽 맥주 : 자몽 시럽 한 샷 + 맥주. 자몽주스나 청을 사용해도 된다.

재미있는 맥주이야기

맥주 병뚜껑에 숨어있는 비밀

아무 생각없이 뚜껑을 따고 마시는 병맥주. 이 병맥주의 뚜껑도 종류가 있다. 제일 흔한 건 톱니바퀴 모양의 뚜껑이다. 왕관 모양으로 생겼다고 해서 크라운 캡(crown cap)으로 부른다. 병따개(오프너)로 "퐁" 소리와 함께 따면 왠지 맥주가 더 맛있어지는 그런 병뚜껑이다.

다음은 병따개 없이 손으로 나사처럼 왼쪽방향으로 돌려서 따는 뚜껑도 있다.

[계속]

🍺 재미있는 맥주이야기 🍺

이것은 트위스트 캡이라고 한다. 굵은 철사를 제끼고 덮혀있는 뚜껑을 여는 스윙탑(Swingtop)도 있다. 네덜란드 맥주 '그롤쉬(Grolsch)'가 스윙탑이다. 샴페인처럼 탄산 압력에 코르크 마개가 열리지 않게 철사로 고정한 것도 있다. 와인과 달리 엄지손가락으로 코르크마개를 밀어 올리면 "뻥" 소리와 함께 열린다.

제일 많은 건 오프너로 따는 크라운 캡이다. 요즘은 "펑" 소리가 날만큼 숟가락으로 따기도 하고 심지어는 나무젓가락이나 라이터 등 주변의 온갖 도구를 이용해 따는 묘기를 부리기도 한다.

그런데 신기한 것은 이 크라운캡의 톱니바퀴가 21개라는 사실이다. 이것은 맥주병 뚜껑이든 음료수병 뚜껑이든 똑 같다.

처음엔 이 톱니의 수도 24개였다. 24개 짜리가 탄산의 압력에는 더 잘 견디지만 너무 고정이 되어있는 바람에 이 뚜껑을 열 때 종종 병이 깨지는 경우가 있었다. 그래서 결국은 탄산 압력에도 견디며 오픈도 잘 되는 21개로 상품화가 되었다. 21개는 세계적으로 통일된 규격이다.

이 크라운캡을 발명한 사람은 미국의 윌리엄 페인터인데 1892년 내놓은 병뚜껑 특허 하나로 말 그대로 백만장자가 되었다.

요즘은 다양한 기능성 병뚜껑이 개발되고 있다. 작년에 알코올도수가 센 중국 술을 마시며 흥미롭게 본 게 위조를 방지하는 기능이 적용된 병뚜껑이었다.

부록

01 수제맥주전문점 창업 언제가 좋을까
02 수제맥주전문점 창업 체크포인트
03 수제맥주 아는 체 하기
04 맥주 명언

01
수제맥주전문점 창업
언제가 좋을까

　창업 이야기를 꺼낸다는 것은 언제나 두렵다. 수제맥주 초창기부터 시작해서 10년 이상을 수제맥주전문점을 운영해본 경험이 있지만 자영업 시장에 뛰어든다는 것은 그리 호락호락한 상황이 아니기 때문이다.

　다른 분야의 자영업도 마찬가지일 테지만 수제맥주전문점 혹은 펍을 창업할려면 준비단계부터 철저한 계획을 세워야 한다. 코로나19로 장기간 위기가 이어져왔다. 이런 위기는 자영업을 하다 보면 수시로 일어나는 일이기도 하다. 하지만 위기 속에서도 누군가는 돈을 벌고 있다. 준비된 사람들이다.

　1년 12개월 중 언제 준비를 해서 언제 오픈을 하느냐는 점도 중요하다. 오픈 초기에 제대로 자리를 잡아둬야 장기적으로도 안정적인 궤도에 오를 수 있기 때문이다.

본격 맥주의 계절은 6월부터이다. 펍에서 연중 최대매출이 일어나는 계절이 6월~10월이기 때문이다.

요즘 수제맥주의 고객층도 많이 다양해졌고 소비 패턴도 많이 바뀌었다. 얼마 전까지만 하더라도 수제맥주는 젊은층이 주고객이었다. 지금은 수제맥주를 즐기는 분들의 연령대가 다양해졌다. 그만큼 시장도 커졌다.

다만, 대구경북의 경우 서울경기 지역에 비해 많이 늦은 편이다. 그래도 몇 년 전 동네마다 들어섰던 스몰비어 대부분은 사라졌다. 지금은 수제맥주가 그 자리를 차지하고 있다.

이런 수제맥주에 대한 관심은 자연스럽게 수제맥주 창업에 대한 관심으로 이어진다. 하지만 창업이 쉬운 일인가? 음식점이든 카페든 외식업 창업은 종합상사의 업무에 버금가는 일이라고 했다. 메뉴 구성, 식자재 조달에서부터 노무, 세무까지 직접 업무를 처리하고 신경써야할 부분이 산더미다. 이럴 땐 다년간 노하우를 쌓아온 현장전문가의 도움을 받는 게 최고다.

먼저 1년 중 언제 창업을 시작하느냐는 문제다. 펍은 겨울 들어서면서부터 천천히 창업준비에 들어가는 게 맞다. 수제맥주는 4월부터 워밍업을 시작해 여름 성수기를 거치기 때문에 준비에 조금이라도 늦으면 연중 최고의 성수기를 놓칠 우려가 있어서다.

창업형태도 먼저 정해야 한다. 기존에 영업을 하지 않던 낮 시간대에 간단한 브런치와 스파게티 등 식사류와 커피 등 음료를 판매하는 1+1 형태의 창업도 고려해볼 만하다. 펍레스토랑 형태다. 월세 등 고정비용은 어차피 정해져 있는 부분이기 때문에 월매출액을 늘리는 좋은 방법일 수 있다. 또 맥주 비수기인 겨울에 어느 정도 매출을 보장해줄 수 있어 고민해볼 만하다.

넓을 매장을 구할 생각이라면 브루펍도 좋은 창업형태가 될 수 있다. 브루펍은 매장 한쪽 공간에 양조장을 넣은 펍이다. 투자비용이 만만치 않게 들겠지만 분명 그 지역의 핫플레이스로 떠오르는 좋은 도구이다. 준비를 단단히 해야 하는 업종이다.

투자비가 넉넉지 않다면 스몰비어 형태의 수제맥주전문점을 창업해볼 수도 있다. 큰 위험부담 없이 알바생 한명 데리고 운영해 나갈 수 있다. 최저임금이 너무 올라있는 지금 최적의 창업형태다.

다음으로 고려해봐야 할 점은 특별한 기술 없이도 창업할 수 있는 제품군을 갖추었느냐는 것이다. 펍레스토랑이 아니라면 안주 메뉴의 조리법이 간단해야 전문 요리사 없이도 매장을 운영해나갈 수 있다. 이는 고정비용 중 인건비를 줄일 수 있는 포인트이기도 하다.

맥주를 주류도매상을 통해 공급받을 것인지, 수제맥주 공장으로부터 직접 납품받을 것인지 결정하는 수제맥주 공급방식도 중요한 체크포인트다.

▲ 수제맥주전문점을 창업하기 위해서는 맥주를 공급받는 방식도 중요 체크포인트다.

 자신이 맥주에 대해 전혀 모르고 있으면 주류도매상에 끌려 다닐 수밖에 없다. 전국 200여개 양조장(정기적으로 제품을 내놓는 50여개 양조장)의 맥주를 어느 정도 알고 있어야 내 가게 고객층에 맞는 맥주를 더 싸게 공급받을 수 있다.
 창업형태를 결정하고 인건비, 임대료, 원재료비 등 3고(高)시대에 고정비용을 줄일 수 있는 방안을 연구하고, 수제맥주 공급방식을 체크하는 등에 시간이 많이 소요된다. 여기에 매장위치를 구하고 인테리어 공사 기간을 감안하면 서둘러야 성수기에 오픈을 맞출 수 있다. 물론 여름 한철을 보고 수제맥주 전문점을 창업하는 건 아니지만 오픈 초기의 부담을 덜려면 성수기 이전에 모든 준비를 완벽하게 끝내놓는 게 순서일 듯하다.

  실패확률을 줄이고 운영 노하우를 전수받으려면 전문가의 도움을 받는 것이 좋다. 하다못해 주방 동선이나 홀의 동선 하나라도 미리 체크해놓아야 일하기가 훨씬 수월하다. 맥주 저장냉장고 하나를 놓는데도 주의가 필요하다. 냉장고와 맥주 따르는 탭의 위치가 멀어질수록 관리가 힘들고 로스도 많아진다. 인테리어 하기 전에 체크해야할 부분이다.

  시간적인 여유가 더 있다면 수제맥주 아카데미에서 간단한 맥주교육을 받아보는 것도 한 방법이다. 교육생 중에서는 기존에 펍을 운영하고 있는 사람들도 많아 맥주교육 외에 틈틈이 매장운영 노하우도 물어볼 수 있다.

02
수제맥주전문점 창업 체크포인트

  이젠 아재, 아지매들도 수제맥주를 마신다고 할만큼 수제맥주가 대중화되었다. 전국 곳곳에 수제맥주 양조장도 들어섰다. 이에따라 수제맥주전문점들이 골목골목까지 들어서면서 맥주트렌드도 진화를 거듭하고 있다.

  피맥(피자+맥주) 전문점은 이제 옛날이야기다. 고객이 직접 맥주를 따라 마시고 마신 양만큼 계산하는 곳도 전국적으로 생겨났다. 책맥(독서+맥주)을 내세우며 맥주를 마실 수 있는 북카페도 늘어나고 있다. 퇴근 후 소파에 기대 맥주를 마시며 느긋하게 책을 읽듯 그런 분위기를 느낄 수 있도록 하자는 게 책맥 북카페의 콘셉트이다.

맥주든 요가든 몸과 마음의 긴장을 풀어주는 면에서는 같다는 점에서 출발한 비어요가클래스(맥주를 마시면서 요가를 하면 시너지효과가 있다고 함)도 생겨났고 스포츠펍도 다양해지고 있는 추세다. 볼링펍에 이어 당구펍(당구+맥주), 핑퐁펍(탁구+맥주)까지 생겨난 걸 보면 맥주의 활용범위가 어디까지일지 궁금해지기도 한다.

▲ 수제맥주전문점을 창업하기 위해선 체크리스트를 만들어서 차근차근 준비해야 한다.

수제맥주가 일반화됨에 따라 수제맥주전문점 창업에 대한 관심도 늘어나고 있다. 실제로 수제맥주 홈브루잉 과정이나 각 지자체에서 자체적으로 시행하고 있는 수제맥주전문가과정 수강생 중에서도 상당수가 수제맥주창업에 관심을 가지고 있다.

하지만 시장의 성장가능성이나 트렌드만 보고 섣불리 창업에 뛰어들었다가는 낭패를 볼 수도 있음을 명심해야 한다.

다음은 수제맥주로 창업해서 성공하기 위해 꼭 체크해야할 키포인트다.

❶ 킬러 콘텐츠, 시그니처 메뉴가 있는가?

요즘 가맹점들이 많이 생긴 프랜차이즈 펍처럼 살얼음을 잔 위에 올려준다든지, 안주나 음식 가격이 부담없을 정도로 싸다든지, 신상맥주를 취급하면서 맥덕들을 끌어들일 수 있는 힘이 있다든지 하는 내 가게만의 차별화된 콘텐츠 혹은 우리 가게 하면 떠오르는 대표 메뉴가 있는가를 먼저 고민해봐야 한다.

❷ 비수기인 겨울철 매출 감소에 대비하고 있는가?

맥주전문점은 대부분 여름성수기에 맞춰 3, 4월에 창업한다. 하지만 6~8월 고공매출에 고조된 기분은 추석이후 비수기에 접어들면서 악몽으로 바뀌는 경우가 많다. 이에 대비한 마케팅계획을 미리 세워두고 겨울철 메뉴를 따로 마련해둬야 한다. 펍레스토랑 형태가 늘어나고 있는 이유를 고민해볼 필요가 있다.

❸ 수제맥주에 대한 기본 지식을 알고 있는가?

　수제맥주를 추천해 달라거나 맛이 어떤지 묻는 손님들이 많다. 당황하지 않고 자신있게 추천해 줄 수 있을 정도의 기초지식은 갖춰야 한다. 가능하면 맥주공방에서 나만의 맥주를 만들어보기를 추천한다. 수제맥주 축제 현장을 찾아다니며 다양한 맥주를 맛보는 것도 한 방법이다.

❹ 맥주 수급을 원활하게 할 수 있는가?

　수제맥주를 공급받는 방법은 두가지다. 개인적으로 브루어리와 접촉해 공급받거나 주류도매상을 통해 공급받는 방법이다. 어느 경우든 여름 성수기엔 물량이 달릴 수도 있다. 각 양조장별 맥주 특징이나 가격 등을 사전에 파악해둘 필요가 있다.

❺ 술문화가 바뀐 것에 대비하고 있는가?

　요즘 데이트하는 남녀 한 쌍이 마시는 맥주는 평균적으로 3잔 정도. 부어라마셔라에서 맛과 향을 음미하는 술문화로 바뀌다보니 젊은층을 중심으로 수제맥주가 확산되고 있는 것이다. 때문에 빠른 테이블회전에 맞춘 시스템을 갖춰야 한다. 7분 내에 서빙가능한 안주메뉴를 준비하고 편안한 의자 대신 키높은 스툴을 두는 것도 한 방법이다.

❻ 수제맥주 멘토가 있는가?

먼저 창업한 사람들의 조언은 꼭 들어봐야 한다. 인건비를 절약할 수 있는 방법, 주방과 홀의 효과적인 동선을 짜는 방법, 주 고객층에 꼭맞는 메뉴를 찾는 방법, 효과적인 운영메뉴얼을 구축하는 방법 등을 전수받을 수 있는 멘토부터 찾아두자. 초기투자금을 확 줄일 수 있는 지름길이다.

❼ 매장 규모에 집착하고 있지 않는가?

'내가 하는데 이정도 매장규모는 되어야지' 하는 순간부터 고난의 시작이다. 수제맥주는 스몰럭셔리가 대세다. 매장 넓이에 집착하는 것보다 차라리 스피커에 거액을 투자하는 게 더 낫다.

03
수제맥주 아는 체 하기

1. 닥치고 샘플러부터

　에일, 스타우트, 필스너, 포터, 골든에일, IPA, 페일에일…
　대체 뭔지 모르겠다. 들어본 것 같기도 하고 아닌 것 같기도 하고. 수제맥주 종류라고 이야기하면 '그런가?' 싶다가도 이내 골치 아파진다. 종류도 그렇지만 맥주 이름 자체가 너무 많아서다. 모처럼 만에 맥주 전문점에 들렀는데 메뉴판엔 도통 이해하기 어려운 이름뿐이다. 하지만 걱정하지 말자. 몇 가지만 알고 나면 아는 체 하기에 딱 좋은 게 수제맥주다.
　수제맥주는 깊은 맛과 풍부한 향이 특징이다. 무엇을 첨가하느냐에 따라 과일향이 나기도 하고 초콜릿 맛이 나기도 한다. 어떤 홉을 얼마나 쓰느냐에 따라 쓴맛이 진하기도 하고 연하게 나기도 한다. 몰트를 얼마나 볶느냐에 따라 맥주 색깔도 다양하게 나온다.

맛과 향이 워낙 다양하다보니 어떤 맥주가 좋으냐는 지극히 개인적인 문제다. 내게 맞는, 혹은 술자리에 함께 한 동료들에게 딱 맞는 수제맥주를 찾아주는 몇 가지 팁을 소개한다.

수제맥주는 만드는 사람마다 맛이 천차만별이지만 기본재료는 맥아와 물, 홉, 효모 등 4가지다. 이중 맛과 향에 영향을 미치는 건 홉이다.

에일은 라거보다 홉을 많이 넣어 쓴맛이 강한 게 특징. 엷은(진하지 않은) 색이라는 뜻이 있는 페일 에일(Pale Ale)은 맛과 향이 무난한 편에 속한다. 갈색 맥아를 사용하면 브라운 에일(Brown Ale)이고 1년 이상 장기적으로 숙성시킨 맥주가 올드 에일(Old Ale)이다.

IPA(India Pale Ale)는 영국에서 식민지였던 인도까지 보내는 맥주의 맛을 변하지 않게 하기 위해 홉을 많이 넣어 쓴 맛이 강하다. 홉이 일종의 방부제 역할을 하기 때문이다. 멋있는 척하는 남자에게 권하면 강한 쓴맛에도 잔을 비운다. 그래도 수제맥주를 접할수록 IPA를 찾는 사람이 많아지는 경향이 있다. IPA는 확실히 매니아 층이 있다는 말이다.

동료가 수제맥주 초보라면 바이젠을 권하면 실패확률이 거의 없다. 바이젠은 고운 거품과 바나나 향이 특징이다. 쓴맛이 강한

IPA가 남성적인 맥주라면 바이젠은 향이 진하지 않고 목넘김이 부드러워 여성적인 술이다.

스타우트와 포터는 흑맥주다. 색깔만 보면 맛이 강하고 도수가 높을 것 같지만 의외로 그렇지 않다. 거품이 많고 커피향과 초콜릿 향이 은은하게 배어 나와 부드럽다. 약간 고소한 향과 쓴 맛이 나는 스타우트는 포터보다 맛이 강하고 알코올도수도 비교적 높은 편이다.

필스너는 단맛과 쓴맛이 잘 어울려 맛이 깔끔하다. 세계 맥주 생산량의 대부분을 차지한다.

▲ 맥주 샘플러

그래도 여전히 수제맥주 선택에 자신이 없다면? 메뉴판을 살펴보고 샘플러가 있으면 시켜보자. 150㎖ 정도의 작은 잔에 따른 수제맥주 여러 종류를 함께 준다. 작은 잔으로 맥주 맛을 보고 내게 딱 맞는 맥주를 큰 잔으로 주문하면 된다.

한두 잔으로 성에 차지 않을 것 같아 여러 잔을 비울 생각이라면 향이 가벼운 바이젠부터 시작해 골든에일이나 페일에일을 마신 후 스타우트-포터, 마지막으로 IPA를 마시면 된다.

이제 우리 부서 회식자리부터 옮겨보자. 맥주에 소주를 들이부어 마시는 '소맥' 대신 다양한 맛과 향을 즐길 수 있는 수제맥주 전문점으로 자리를 옮겨 아는 체 해보자. 수제맥주 소믈리에 코스프레를 해보는 거다. 신맛이 나는 사우어에일도 메뉴판에 많이 보인다. 맥주의 신맛은 호불호가 명확해서 다른 사람에게 권하기는 어렵다.

자신있게 메뉴판을 펼치고, 그리고 한마디를 던지면 모두가 수제맥주 전문가로 인정해준다. "음…. 여기 사우어에일, 이게 내가 찾던 바로 그 맥주야!"

2. 나도 이제 수제맥주 전문가

모임에서 수제맥주 전문가 흉내내기는 용어 몇 가지만 알면 충분하다. 하지만 쉽지 않다. 신제품이 쏟아지다 보니 메뉴판을 들여다봐도 웬만한 매니아가 아니라면 도무지 어느 맥주가 어떤 맛인지, 어떤 향인지 알 수가 없을 정도다. 그렇다고 매번 펍의 사장이나 종업원들에게 추천을 받아 마시기도 그렇다.

이럴 때 수제맥주 관련 용어 몇 가지만 알고 있어도 맥주 선택에 큰 도움이 된다. 대표적인 용어가 ABV와 IBU이다. 대부분의 펍 메뉴판엔 맥주이름 아래에 이 두 가지를 표시해두고 있다.

아이피에이 India Pale Ale 6,500
ABV 6.0/IBU 40/India Pale Ale/고릴라브루잉
씁쓸하면서 강렬한 홉향이 특징인 맥주

홉스플레쉬 추천! 요즘 가장 핫한 스타일! 8,500
ABV 6.7/IBU 35/Hopsplash IPA/플레이그라운드
아낌없이 홉을 넣어 주스를 마시는 듯한 뉴잉스타일 맥주

▲ 펍의 맥주 메뉴판. 대부분 ABV와 IBU를 표시한다.

ABV는 Alcohol by Volume의 약자로 알코올도수를 의미한다. 알코올 음료에 대한 에탄올의 부피 농도를 백분율(퍼센트)로 표시한 비율이다. 카스 혹은 하이트 맥주는 4.5%, 대체적으로 국내에서 나오는 수제맥주 5~6%, 더블IPA 8%, 트리펠 9%, 임페리얼 스타우트는 10% 이상, 배럴에이지드는 12~13% 정도이다.

IBU는 International Bitterness Unit의 약자로 맥주의 쓴맛을 나타내는 단위이다. 맥주 또는 맥즙(Wort) 1리터당 Iso-Alpha-Acid(이소-α-산)가 몇 밀리그램 포함되는지를 평가하는 표준적인 단위다. 0~100까지이며 숫자가 높을수록 쓴맛이 강하다.

라거 맥주는 5~10, 바이젠 12~15, 쓴맛이 강한 IPA는 45 정도다. 간혹 100을 넘는 IBU를 자랑하는 맥주도 있다. 이는 마케팅수단으로 보면 된다. 그만큼 홉을 많이 넣었다거나 쓴맛이 강하지만 전체적인 밸런스를 잘 맞춘 맥주라는 걸 강조하기 위한 한 방법이다.

간혹 친절한 메뉴판일 경우 SRM까지 표기해두기도 한다. SRM은 Standard Reference Method로 맥주의 색을 측정하는 단위이다. 남색빛이 1㎝의 맥주를 지나는 동안 흡수되는 빛의 양을 나타낸다. 숫자가 높을수록 색이 진하다.

이제 메뉴판을 들여다보자.

맥주 이름과 가격이 있고 맥주에 대한 간단한 설명과 함께 ABV, IBU가 표시되어 있다. 알코올도수와 쓴맛의 정도만 알아도 이젠 좀 쉽게 맥주를 주문할 수 있지 않을까. 일행들에게 맥주를 권해줄 수도 있다. 수제맥주 좀 아는체 하면서 말이다.

맥주를 즐겨 마시지 않는 사람이라면 ABV, IBU가 낮은 맥주를 추천해주면 된다.

04
맥주 명언

세상에서 가장 맛있는 맥주는 뭘까?

아마 영화 쇼생크 탈출(The Shawshank Redemption)에서 죄수들이 감옥에서 마시는 맥주가 아닐까 싶다. 하긴 감옥에서 맥주를 마셔본 적이 없으니 굳이 비교를 하자면 군대 내무반에서 한밤중에 끓여먹는 라면 맛보다 나으려나?

영화 주인공인 앤디 듀프레인(팀 로빈슨)은 누명을 쓰고 쇼생크 교도소에 갇힌다. 은행원이었던 앤디는 악질 간수의 상속 관련 세금 문제를 해결해주고 그 대가로 수감자들에게 맥주 3병씩을 받아낸다. 수감자들은 건물 옥상에 앉아 웃으며 즐겁게 맥주를 마신다. 동료 수감자들이 맥주를 마시는 모습을 지켜보며 앤디는 알 듯 모를 듯 얼굴 가득 묘한 미소를 짓는다.

영화에서 관찰자로 나오는 동료 수감자인 레드(모건 프리먼)는 이 상황을 묘사하는 이런 말을 남겼다.

"마치 우리는 자유인처럼 햇빛을 받으며 맥주를 마셨다."

("We sat drank with the sun on our shoulders, and felt like free men.")

그렇다. 레드의 말은 맥주는 곧 자유인들의 전유물이라는 명언이었다.

이처럼 이 세상엔 맥주와 관련된 격언이나 속담이 의외로 많다. 수많은 명사들도 맥주에 관한 명언을 남겼다. 맥주=삶이란 공식을 증명하듯이….

이를 정리해봤다.

'맥주는 양조장 굴뚝 그늘 아래서 마셔야 제 맛'이라는 독일 속담이 있다. 맥주는 양조장에서 벗어난 순간부터 맛과 향이 떨어지기 시작한다. 병에 담든, 캔에 담든, 케그에 담든 마찬가지다. 이 속담은 신선한 맥주를 마시려면 양조장에서 마시는 게 제일 좋다는 말이다. 요즘이야 냉장유통시스템이라도 갖춰져있지만 예전엔 멀리까지 유통시키지를 못했으니 오죽했으랴.

역시 독일에는 '마을 밖 10㎞를 벗어난 맥주는 맥주가 아니다' 속담이 있다. 둘 다 똑같은 의미다.

독일 격언에는 다음과 같은 말도 있다. "사랑의 화살을 맞으면 맥주로 그 상처를 씻는 것이 좋다"

"책은 고통을 주지만 맥주는 우리를 즐겁게 한다. 영원한 것은 맥주뿐!" 괴테의 시에 나오는 구절이다. 이것만 보면 괴테가 맥주를 엄청 즐긴 것 같지만 그는 와인 애호가였다. 그의 기록하는 습관과 수집취미 덕에 아직까지 그의 와인 계산서와 청구서가 남아 있을 정도다. 괴테 연구자들은 그가 하루 평균 1~2병의 와인을 마셨다고 추정하고 있을 정도다.

"맥주 없는 사람에게는 마실 게 없다"

2016년 독일의 앙겔라 메르켈 총리가 맥주순수령 500주년 기념식에서 했던 말이다. 하지만 이것은 원래 종교개혁을 일으킨 마틴 루터가 한 말이었다. 루터는 종교개혁이 어려움에 부딪치고 보복이 두려울 때마다 부인 카타리나가 만든 맥주를 마셨다. 그것도 거의 매일 2리터 씩이나 말이다. 실제로 화형당할 수도 있는 운명의 최후 진술에서 1리터의 맥주를 단숨에 들이키고 술의 힘을 빌어 용기있게 종교개혁을 주장했다.

맥주라면 버락 오바마 전 미국대통령도 빠질 수 없다.

"바이스부어스트(독일 바이에른 지역의 전통소시지)를 곁들인 맥주 한 잔은 언제라도 좋다. (But then again there's never a bad day for a beer and a weisswurst)."

오바마 전 대통령이 독일 방문 때 남긴 말이다. 그는 홈브루어였다. 임기 중에 사비를 들여 양조장비를 백악관에 들였다. 여기서 꿀(영부인인 미셸 오바마가 백악관 남쪽 뜰에서 양봉한 꿀)을 넣은 '화이트 하우스 허니 에일'이라는 맥주를 만들어 즐겨 마셨다.

가수 마이클 잭슨도 맥주에 관한 명언을 남겼다.

"맥주 문화는 음식 세계의 일부다. 단지 캔이나 병에 든 상품이 아니라 좋은 재료로 만든 농산품으로서의 가치를 지닌다(Beer culture is a part of the world of food and drink. It's not just a commodity in cans and bottles, but has a value as an agricultural product with good ingredients)."

우리나라에선 방송인 신동엽의 말이 많이 회자된다. "맥주 최고의 안주는 맥주다."

이외에도 펍 벽면에 붙어있는 맥주에 관한 명언 아닌 명언들도 많다. '오늘 마실 맥주를 내일로 미루지 말라'는 차라리 애교스럽다. '맛없는 맥주를 마시고 살기엔 인생은 너무 짧다'는 말에는 맥주를 마시지 않으면 왠지 인생을 허비한 것 같은 느낌마저 준다. 그렇다. 한마디 덧붙이자면 이렇다. "맥주를 마시는 건 시간낭비, 그러나 마시지 않는 건 인생낭비"

참고문헌

- 원융희, 맥주의 세계 [전자책], 살림지식총서, 2008
- 이희수, 와인과 칵테일 음료 조주학, 21세기사, 2019
- 유안 퍼거슨, Craft Brew(세계 최고 브루어리의 수제맥주 레시피), 북커스, 2018
- 존 J. 파머, HOW TO BREW 하우 투 브루, 라의눈, 2019
- 비어포스트 편집부, The Beer Post 2020년 여름, 비어포스트, 2020
- 비어포스트 편집부, 크래프트 비어 코리아(대한민국 수제맥주 가이드북, 2020), 비어포스트, 2020
- 박운석, 대구수제맥주학교 홈브루 12주 과정 교재, 수제맥주산업발전협의회, 2020
- 김만제, 맥주 스타일 사전, 영진닷컴, 2019
- 제롬 마르티네스·프랑수아 카리우, 집에서 수제 맥주 만들기, 다봄, 2017

참고 사이트

- http://craftbrewer.co.kr/
- http://beerpost.kr/
- https://blog.naver.com/delipub
- https://blog.naver.com/nerdboy19